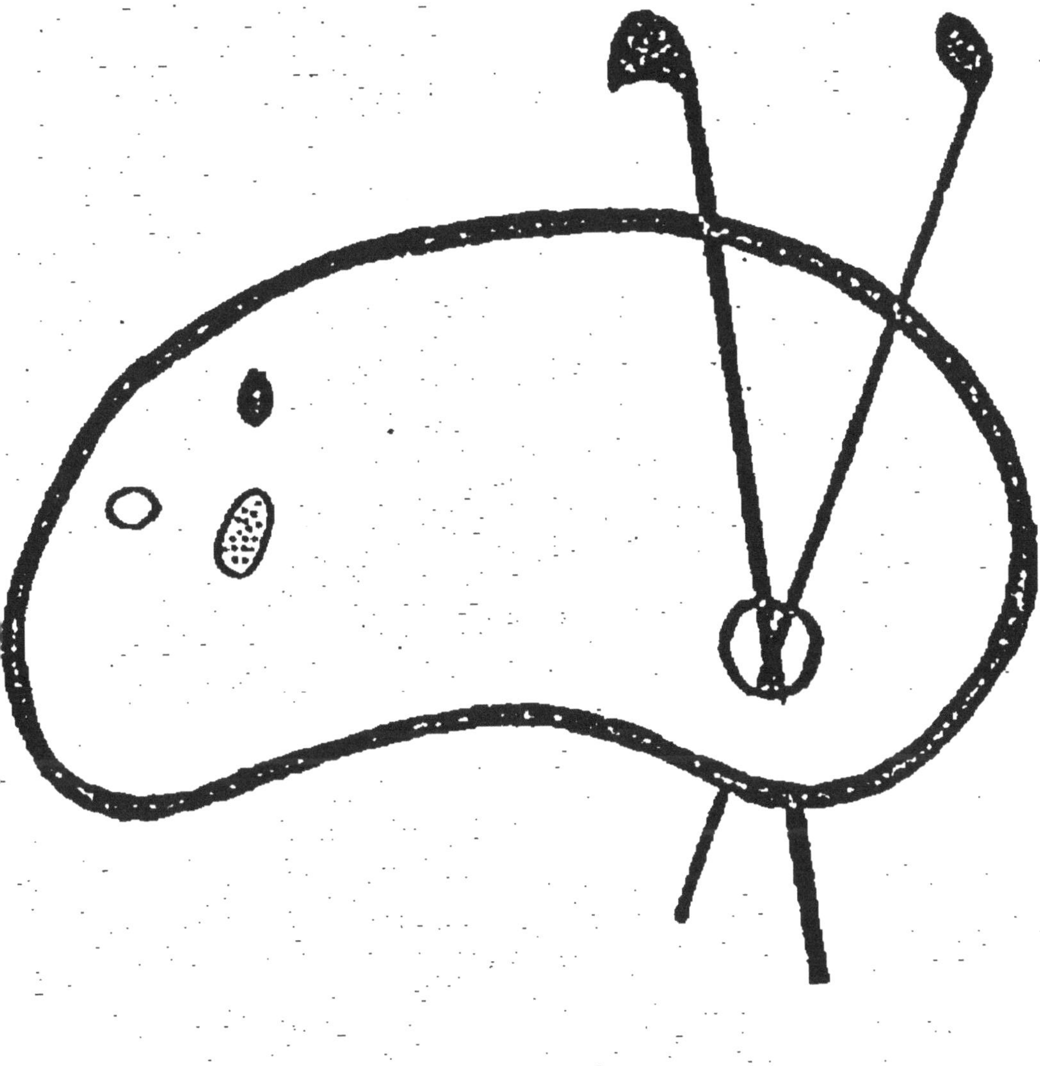

COUVERTURE SUPERIEURE ET INFERIEURE
EN COULEUR

HISTOIRE
DE
HONFLEUR

PAR

UN ENFANT DE HONFLEUR

> Oui, voilà les rives de France,
> Oui, voilà le port vaste et sûr,
> Voisin des champs où mon enfance
> S'écoula sous un chaume obscur.
> France adorée !
> Douce contrée !
>
> BÉRANGER.

HONFLEUR
CHARLES LEFRANÇOIS, LIBRAIRE-ÉDITEUR
PLACE DE L'OBÉLISQUE, 5, RUE BRULÉE, 1

1867

A LA MÊME LIBRAIRIE:

Histoire de la ville et du canton de Honfleur, par A. CATHERINE, ex-archiviste de la ville de Honfleur. Le premier volume paru contient les événements concernant la ville, jusqu'à la fin du règne de Louis XV. 1 vol. in-8° de 404 pages avec gravures. Prix : 5 francs.

Notice Historique sur la Chapelle de Notre-Dame-de-Grâce, 1 vol. in-12, avec une gravure, 1 fr. 25.

LE MÊME OUVRAGE, imprimé sur très-beau papier, avec gravure et photographie, 1 vol. in-12, broché, 2 fr. 25.

Album Honfleurais, contenant 10 lithographies à deux teintes, dessinées d'après photographies, sous couverture unie, 7 fr. 50.

LE MÊME, relié percaline et rehaussé des armes de la ville gravées sur le plat, tranche blanche. Prix : 11 francs.

LE MÊME, demi reliure chagrin, avec armes sur le plat, tranche dorée, 13 fr.

Plan Topographique de la ville et du port de Honfleur, gravure parfaite, format colombier, 3 francs.

Vues de Honfleur et de la Chapelle de Notre-Dame-de-Grâce, belles lithographies à deux teintes, l'exemplaire, 75 c.

Photographies Honfleuraises, format carte de visite, 50 c.

Vue Panoramique de Honfleur, 1 fr. 75.

Principaux ouvrages sur la Normandie.

HISTOIRE DE HONFLEUR

IMPRIMERIE DE HENRY-LAVAUX
Honfleur, — Terre-plein de la Jetée de l'Ouest.

HISTOIRE
DE
HONFLEUR

PAR

UN ENFANT DE HONFLEUR

—⁂—

> Oui, voilà les rives de France,
> Oui, voilà le port vaste et sûr,
> Voisin des champs où mon enfance
> S'écoula sous un chaume obscur.
> France adorée !
> Douce contrée !
>
> BÉRANGER.

HONFLEUR
CHARLES LEFRANÇOIS, LIBRAIRE-ÉDITEUR
PLACE DE L'OBÉLISQUE, 5, RUE BRULÉE, 1

1867

AUX HABITANTS DE HONFLEUR

CHERS CONCITOYENS,

Quatre monographies de Honfleur ont été publiées jusqu'à ce jour. La dernière, qui ne se compose actuellement que du premier volume, a paru en 1864; elle ne décrit aucun fait au-delà du dix-huitième siècle. Nous regrettons vivement que l'auteur de cet ouvrage n'ait pu terminer son œuvre. L'intérêt qui s'attachait à la notable partie de son travail nous en faisait désirer la continuation.

Enfant de la Cité, nous appelions de tous nos vœux le jour où il nous serait donné de voir le couronnement de l'édifice historique de notre ville. Mu par ce désir ardent de notre cœur, nous avons résolu, malgré nos faibles forces, de nous livrer à ce travail : nous nous sommes donc mis à l'œuvre. Aidé du puissant concours d'un ami, nous avons de nouveau remué le terrain bien aride des recherches, terrain qu'avaient défriché nos devanciers ; nous avons essayé d'y creuser un sillon plus profond. Et nous venons aujourd'hui déposer à vos pieds le fruit de nos faibles, mais persévérants efforts. Heureux nous serons si, dans tout le cours de cet ouvrage, nous n'avons pas un seul instant failli à la tâche difficile que nous nous sommes imposée ; si encore nous avons pu découvrir quelques documents précieux, dont la valeur pût rehausser l'éclat de la noble et glorieuse réputation honfleuraise.

Un Enfant de Honfleur.

Premier Mai 1867.

INTRODUCTION

Avant de raconter les gloires de nos pères et de nos aïeux, nous avons jugé à propos, dans une courte introduction, de dire quelque chose de Honfleur, considéré comme ville, abstraction faite de son histoire. C'est qu'en effet, si ces quelques lignes viennent un jour ou l'autre à tomber entre les mains de l'étranger, il est hors de doute que, pour qu'il puisse suivre parfaitement la suite des faits qui se dérouleront devant lui, il lui faut savoir au juste où est situé Honfleur, et encore ce qu'il est, quant à ses aspects et à ses paysages.

M. Labutte a dit : «...Honfleur, par sa situa-
« tion, n'en est pas moins une des villes les

« plus chères aux artistes. » C'est qu'en effet, notre ville natale est une des plus pittoresques de la côte normande. Agréablement située à l'angle sud de la baie formée par l'embouchure de la Seine, coquettement assise entre deux collines verdoyantes, elle voit chaque jour et à chaque marée, ses murs baignés par les flots de l'océan. Ses rues sont tortueuses ; ses maisons, pour la plupart, sont vieilles ; ses habitants sont occupés à l'industrie, au commerce et à la pêche ; sa population est active, remuante et généreuse.

On vante beaucoup parfois les paysages de la Suisse ; on dit qu'ils ont quelque chose d'attrayant et de sublime. On parle avec une sorte d'emphase des bords du Rhin ; on célèbre les rives enchanteresses de ce fleuve. Tout cela, nous l'avouons, a certes lieu d'être. Mais Honfleur, comme site, ne le cède en rien à ces paysages si vantés. Il y a quelques années, nous entendions dire à un enfant de Paris, à un homme éminent qui avait traversé la Suisse et l'Allemagne : « J'ai labouré la Suisse ; j'ai parcouru l'Allemagne en tous sens : je n'ai rien rencontré de plus beau qu'à Honfleur. » Nous recueillîmes avec joie ces paroles expressives. Nous ne connaissions pas le pays dont parlait ce voyageur. Mais nous savions déjà que le site Honfleurais est parfois ravissant et majestueux !

L'océan est là, avec sa grande voix. Des barques le sillonnent. Que le touriste, désireux de savoir ce que contient de charmes et d'attraits la cité Honfleuraise et tout ce qui l'entoure, monte dans une de ces barques. Quand il sera au centre de la baie, c'est alors qu'il pourra voir ces mille merveilles que la nature a parsemées sur nos rives fleuries. Effectivement, quel magnifique spectacle se déroulera devant lui. De tous côtés, que de sites charmants !

C'est d'abord la côte de Grâce avec son grand crucifix, planté sur le bord de la falaise escarpée, haute d'environ cent mètres ; plus bas, vers l'extrémité ouest de la ville, le phare, l'hospice aux antiques murailles au pied desquelles viennent mourir les vagues mugissantes ; plus bas, à droite, le vaste orphelinat, le collége communal, de nos jours si prospère ; un peu au-dessous, vers le port, la vieille église Sainte-Catherine et sa flèche séparée de la nef ; devant soi, le vallon opposé : la côte Vassale, la tour de l'église Saint-Léonard comme encadrée d'un rideau de sombre verdure. Plus loin, au fond de la baie, la pointe de la Roque, endroit où se rétrécit le lit du fleuve de la Seine. En face, tout le pays de Caux avec ses blanches carrières. Non loin, vers la rive sud, l'embouchûre de la Risle. Près de là, la belle et riche propriété de la Pommeraie ; au bord de la rive, Berville-Grestain et les ruines de sa vieille abbaye ; plus bas, le gracieux phare de Fatouville, à feu tournant, bâti sur une éminence de plus de cent mètres pour guider le navigateur et le prémunir contre le danger des écueils. Au-dessous, la riche et luxuriante vallée de Fiquefleur, le village de Saint-Sauveur. A l'extrémité de cette commune, le hameau du Poudreux, habité par quelques pêcheurs, et dont les peintres Alexandre Dubourg et Jules Rozier ont plus d'une fois reproduit sur leurs toiles les rives si tranquilles. Immédiatement au-dessous, le chemin de fer et sa gare rustique; les chantiers maritimes, d'où s'élèvent de gracieux navires en construction. A côté, un peu plus bas, les vastes bassins et leur forêt de mâts. Enfin le port du vieux Honfleur avec le mouvement très-animé de sa navigation.

Voilà en quelques mots Honfleur : « *Cette rude et maîtresse place de guerre que moult merveilleusement entouraient larges fossés bien pourvus d'eau.* » Voilà ses riches et gracieux alentours.

C'est donc bien ici qu'il convient de redire avec M. Labutte, cet auteur savant et bien cher au pays : « *De tous côtés, autour de la ville, ce sont des sites ravissants : ici, graves, solitaires et reposés; là, pleins de grâce et de fraîcheur; ailleurs, pleins de vie et de mouvement; plus loin, imposants et sublimes!* »

CHAPITRE I.

PÉRIODE INCERTAINE DE L'HISTOIRE DE HONFLEUR, C'EST-À-DIRE DEPUIS SA FONDATION JUSQU'AU Xe SIÈCLE DE NOTRE ÈRE.

I.

A quelle époque fut fondée la ville qui porte de nos jours le nom de Honfleur? Quels faits principaux peut-elle revendiquer avec gloire depuis sa fondation jusqu'au dixième siècle de notre ère?

C'est là une grande et difficile question.

S'il n'est pour ainsi dire aucun peuple ancien dont les commencements soient acquis certainement à l'histoire, s'il n'est pour ainsi dire aucune ville ancienne qui puisse fournir des documents certains sur son origine et sur ses premiers temps, n'allons pas croire que la cité qui nous a vu naître soit plus heureuse. L'acte de naissance de Honfleur est comme perdu : déjà quelques savants ont fait de grandes recherches pour le retrouver. Ont-ils réussi ? c'est là encore un grand secret.

Pour nous, ayant conçu le projet de donner à nos concitoyens une histoire de cette ville natale, notre grand désir est de ne dire que la vérité et rien que la vérité. Heureux nous serions, si ce vœu de notre cœur pouvait être réalisé. Mais les origines de Honfleur sont là, se dressant devant nous comme une montagne infranchissable.

Cependant nous avons pensé qu'il était de notre devoir de ne point laisser cette périlleuse question sans au moins l'effleurer.

Faisons comme le voyageur qui part bien loin pour un endroit encore inexploré. Le lieu d'où il part est certain : mais sa course seule sera comme incertaine ; il ira, si vous le voulez, à l'aventure. Il est tout probable qu'il ne manquera point son but. Toutefois il n'en répond pas. Il en sera de même pour nous.

Nous aussi, nous sommes pour ainsi dire des voyageurs. Nous voulons savoir à quelle époque furent jetés les fondements de notre cité. Nous partons d'un point certain. Nous savons de source indubitable que la ville de Honfleur existait au XIe siècle. Les Chartres de la fameuse abbaye de Grestain en sont la preuve.

Mais au XIe siècle, Honfleur ne faisait-il que commencer d'être? ou bien y avait-il longtemps déjà que cette cité avait été construite sur les bords enchanteurs de la mer de la Manche?

A ce sujet, les opinions sont diverses. L'auteur de la critique savante sur l'ouvrage de M. Catherine est d'avis que ce fut vers le XIe siècle que Honfleur fut bâti. Plusieurs autres font remonter la construction de cette ville dans les temps reculés : les uns disent que ce fut avant Jésus-Christ que les Armoricains la fondèrent : les autres pensent que cette cité ne fut édifiée que vers les premiers siècles de l'ère chrétienne.

Il est libre à chacun de choisir l'opinion qui lui paraîtra la plus certaine. S'il pense que Honfleur n'a guère que sept ou huit siècles d'existence, il peut rester dans sa conviction. Tout au contraire, s'il croit que cette cité remonte bien haut dans le passé des siècles, il est en son pouvoir encore de garder ce sentiment.

Nous autres, nous ne voulons pas en imposer à l'histoire. Puisque les origines de Honfleur sont incertaines, évidemment ce serait fausseté de notre part de donner comme certain ce qui va suivre.

Aussi nous empressons-nous de dire que le plan que nous allons dresser est très-probable, sans être néanmoins hors de toute objection. On dira peut-être que nous avons fait sur la période incertaine de l'histoire de Honfleur quelque chose qui a comme la couleur du roman. Cette réflexion, nous l'avouons, peut être soulevée. Cependant nous pensons qu'il est incontestable que ce que nous allons dire est très en rapport avec la vérité des faits anciens qui concernent notre ville, s'il n'est pas la vérité même.

Entrons donc résolument en matière.

Au nord du pays des Lexoviens s'étendait une vaste et sombre forêt ayant la Seine et la mer pour limites. Sur le côté oriental, au pied d'une colline élevée, faisant face au pays des Calètes, s'avançait orgueilleusement, d'au moins mille pas dans la mer, un immense rocher grisâtre qui servait comme de base au point culminant de la côte. C'était à vrai dire comme un rempart inexpugnable que la nature elle-même semblait avoir formé pour que les barques trouvassent pendant la tempête un abri contre les vagues furieuses et mugissantes de l'océan.

Cependant ce lieu était encore désert et inconnu. Le pied de l'homme n'y avait pas imprimé sa trace. A part quelques oiseaux peut-être, qui de temps en temps faisaient entendre sous la feuillée leur doux et suave gazouillement, un long et perpétuel silence régnait dans cette forêt aux arbres séculaires.

Mais un lieu si favorable pour la navigation devait-il rester à tout jamais inconnu? L'auteur de la nature aurait-il disposé lui-même de ses mains puissantes cet emplacement pour un port de mer, pour un refuge contre la tempête, sans que les hommes s'en aperçussent?

Il n'en pouvait être ainsi. Un jour ou l'autre, cette ravissante position devait être remarquée. La nature avait semé en abondance ses dons et ses grâces dans ce lieu, jusqu'alors solitaire et inhabité. Or, en répandant largement et à profusion ses bienfaits dans cet endroit, son but principal n'était-il pas de donner lieu à un peuple maritime de planter sa tente sur ce rivage.

La voix toujours si énergique de la nature fut entendue des humains.

Soudain voilà qu'un grand peuple s'est répandu à travers l'Europe! un sang jeune et bouillant coule dans ses veines; il aime passionnément le travail et la gloire. Dans ce peuple le lecteur a reconnu les Celtes.

Quelques membres de cette grande famille aimaient à côtoyer le rivage de la mer. L'aspect de l'océan avec ses ondes bleuâtres exerçait sur leur âme passionnée je ne sais quel doux enthousiasme : la navigation avait pour eux je ne sais quel attrait enchanteur.

En côtoyant les bords de la mer, le long de la Manche, ils dûrent bien vite être séduits par la beauté enchanteresse des lieux que nous avons désignés. Ils s'y arrêtèrent; ils remarquèrent tous les avantages de cette position; ils comprirent combien la proximité de la mer et la facilité d'établir des communications avec la rive opposée et l'intérieur du pays s'accommodaient merveilleusement avec leur goût pour la pêche et le commerce maritime. Dès lors leurs plans furent arrêtés. C'est dans ce lieu si favorable à leurs goûts qu'ils vont se fixer pour y exercer leur industrie. Bientôt ils se construisent quelques cabanes pour se prémunir contre l'intempérie de l'air et des saisons.

Du reste M. l'abbé Vastel, dans son *Essai historique sur Honfleur*, émet une opinion dans le sens de la thèse que nous développons. Ce savant et premier historien de notre localité s'exprime ainsi : « Les Belges se bâtirent quelques cabanes sur les bords de la Lézarde, tandis que les Celtes en firent autant sur la Claire (1). »

Mais à quelle époque eurent lieu les faits dont nous venons de parler? c'est-à-dire à quelle époque les Armoricains commencèrent-ils à établir leur résidence dans nos contrées? A ce sujet, l'histoire paraît enveloppée comme d'un voile épais, et certes il est bien difficile de soulever ce voile. Cependant nous avons quelques faits qui peuvent à la rigueur nous servir

---

(1) Petite rivière, qui prend sa source au fond de la vallée de Moulineaux (Equemauville), puis traverse Honfleur pour aller se perdre dans la mer.

de guide dans la solution de cette question. Nous savons de source certaine que, lorsque Jules César vint combattre les Gaulois, nos pères, les Armoricains trafiquaient déjà avec les peuples d'Outre-Manche. Et même, pour plus de précision, quelques auteurs que nous avons consultés, sont d'avis que ce fut vers le XIII° siècle avant notre ère que ces peuplades Armoricaines commencèrent à entretenir des relations avec leurs voisins des îles Britanniques. Si ces peuplades Armoricaines eussent habité notre territoire lui-même, la question serait par elle-même résolue. Mais ce fait est incertain. Cependant tout nous porte à croire que, quelque soient ces peuples Armoricains auxquels font allusion les auteurs que nous venons de citer, ceux qui habitaient nos contrées ne durent pas rester au-dessous de leurs frères, et que conséquemment leurs relations avec les peuplades d'Outre-Manche durent dater au moins d'une époque bien antérieure à l'ère chrétienne.

Or cette petite colonie de pêcheurs que nous voyons apparaître à l'horizon des siècles passés se développa peu à peu en même temps qu'elle essaya d'étendre ses ramifications au dehors de son centre habituel. Ce besoin que nous éprouvons d'accroître notre bien-être dut également se faire sentir chez nos ancêtres comme chez nous, peut-être avec moins d'ardeur, toujours est-il que l'instinct naturel de nos pères les dirigea, à n'en pas douter, vers un avenir meilleur et que ce désir dut nécessairement les amener à fonder un établissement fixe et en rapport avec les besoins de la colonie naissante.

Cette disposition d'esprit du peuple Gaulois leur fit songer à une deuxième catégorie de marins, et celle-ci devait être exclusivement commerçante.

A cette époque, les naturels des îles Britannique vendaient du cuivre, de l'étain, des chiens de chasse, des peaux des bêtes et aussi des esclaves. Les Armoricains de nos contrées songèrent donc à visiter ces peuplades. Et bientôt montés sur de longues barques en bois de chêne, les pêcheurs Gaulois, devenus long-courriers, voguèrent vers ces îles, portant à leurs habitants « *les salaisons préparées sur les bords de la Seine.* » échangeant ces productions contre des peaux amincies, apprêtées pour la navigation, et dont nos pêcheurs Gaulois se servaient déjà pour confectionner les voiles de leurs petites barques.

Par suite de ces premiers échanges il s'établit des relations suivies avec tout le littoral Britannique. L'appât du gain séduisit bon nombre de navigateurs. Et ceux-ci, pour étendre leur commerce et augmenter leur fortune, songèrent à développer le goût du métier parmi les peuplades Armoricaines.

Les marins de nos contrées acceptèrent de grand cœur l'invitation de leurs devanciers et chacun rivalisa de zèle : ce fut comme un branle-bas général. Les préparatifs se succédèrent sans interruption, et la flottille des bords de la Seine sillonna la Manche de tous côtés, laissant sur son passage des traces constatant le génie industrieux et commercial de ceux qui la montaient.

D'ailleurs la magnifique vallée au pied de laquelle nos marins avaient construit leurs petites cabanes convenait admirablement pour favoriser cet élan nautique : la position de ses rives baignées par la mer et un grand fleuve, l'élévation de ses collines, formant un solide rempart contre la violence des vents déchaînés de l'Océan, le voisinage de l'immense forêt de Touques, qui permettait de se procurer, à peu de frais, le bois nécessaire aux constructions navales, tout enfin semblait indiquer cet emplacement pour y fonder une cité maritime. Ces considérations déterminèrent, sans doute, la petite colonie de pêcheurs à choisir ce lieu pour s'y fixer d'une façon définitive.

Déjà quelques tentes avaient été construites. Nos Armoricains se mirent de nouveau à l'œuvre : de nouvelles cabanes s'élevèrent. Bientôt ce fut comme une petite cité qui, eu égard à sa position, donnait déjà les plus grandes espérances.

Cette ville à peine sortie de l'enfance reçut un nom. Quel fut ce nom ? Nous le dirons plus loin.

Depuis lors que se passa-t-il ? quels faits principaux pourrions nous signaler ? A ce sujet encore, l'histoire garde le silence. Ce que nous savons néanmoins, c'est qu'il y a 1,900 ans environ, Jules César vint camper aux abords de nos contrées à la tête d'une armée formidable. C'est qu'il cueillit non loin de nous les lauriers de la victoire. Mais poussa-t-il sa marche triomphale jusque sur notre territoire? Il est tout probable que non. Du moins c'est ainsi que pensent la plupart des historiens que nous avons consultés.

Ce que nous savons encore de ces temps anciens, c'est que le Druidisme était en honneur dans les contrées que nous habitons. Le sang humain était versé sur les autels. Et comme les Druides recherchaient autant que possible les profondeurs solennelles des bois pour l'immolation de la victime que le sort avait désignée, il est tout naturel de penser que la sombre forêt dont nous avons déjà entretenu le lecteur, dut être témoin bien des fois de leurs sanglants sacrifices.

Mais bientôt naquit le Dieu si longtemps attendu! Ce fut le coup de mort du Druidisme.

Quelques temps encore il régna parmi nous; mais les disciples du Christ vinrent bientôt annoncer l'Évangile à nos ancêtres. Et tandis que l'Empire romain marchait à grands pas vers sa ruine; tandis que les barbares accouraient du fond des forêts de la Germanie, des côtes Scandinaves, des sommets du Caucase, prêts à se précipiter, comme les flots pressés d'une mer en tourmente, à la conquête de l'ancien monde, les peuples de nos contrées abjuraient leurs anciennes erreurs, et embrassaient avidemment la doctrine du salut, la doctrine chrétienne.

Bientôt *(ce fut vers le 5e ou 6e siècle de notre ère)*, nos ancêtres devinrent des Francs, ils firent partie de cette nation guerrière qui courba si vite, devant la religion du crucifié, sa tête frémissante des ardeurs de la victoire, et qui, parmi toutes les nations du monde, eut la première la gloire de voir l'Église lui donner le baiser de paix et la nommer sa fille

Puis vinrent les invasions Normandes. Ces pirates du Nord, qui avaient fait trembler le grand empereur des Francs, l'illustre Charlemagne, ainsi que ses faibles successeurs, poussèrent leur marche dévastatrice jusque dans nos contrées. (Dans le cours de cette histoire nous dirons quelque chose de ces terribles invasions.)

Voilà quelle fut l'origine de notre ville natale et quels furent les premiers peuples qui l'habitèrent; voilà ce qui, dans les temps reculés, se rapporte plus particulièrement à son histoire.

Il est hors de doute que bien des transformations sociales et politiques eurent lieu depuis le jour où les Armoricains plantèrent, pour la première fois, leurs tentes sur notre territoire jusqu'à l'époque de l'histoire où nous sommes arrivés. Ces changements provoquèrent, à n'en pas douter, bien des modifications dans les mœurs du peuple d'alors : la législation dût changer en même temps que de nouvelles peuplades vinrent se fixer dans le pays. Cependant, les qualités qui distinguaient la nation Armoricaine ne s'éteignirent pas; le sentiment national et la noblesse de caractère qui faisaient la gloire de nos ancêtres, se communiquèrent aux nouveaux venus, et, aujourd'hui encore, nous en rencontrons des vestiges bien frappants dans la génération actuelle.

Félicitons-nous donc d'appartenir au sang illustre de la nation chevaleresque qui nous a précédés; mais plus heureux que nos pères, nous avons l'insigne honneur d'être favorisés d'un double bienfait : celui de posséder la foi chrétienne et la civilisation française.

II.

La petite cité maritime venait de s'élever sur les bords de la Seine, au pied d'une vieille et vaste forêt. Un nom lui fut donné.

Pour nous, désireux de savoir quel fut ce nom, nous avons consulté bon nombre d'auteurs. Voici quel a été le résultat de nos recherches attentives.

Comme ce furent des peuplades Armoricaines qui fondèrent cette cité et comme ces peuplades étaient issues de la grande famille Celtique, il est hors de doute que la ville naissante reçut un nom appartenant à la langue celtique; s'il faut en croire Thomas, historien de la ville de Honfleur, ce nom fut Ohne-flusst. Cependant nous préférons admettre le sentiment de Huet. Ce savant évêque d'Avranches, pense que la première dénomination donnée à notre ville fut celle de Ohne-flou ou de Ohne-fleu. Son opinion est basée sur ce que cette terminaison flou ou fleu est tout à fait en rapport avec le génie de la langue celtique.

Cependant la langue des Celtes, dégénéra peu à peu. Et comme les habitants de Ohne-flusst ou de Ohne-flou entretenait de nombreuses et importantes relations avec leurs voisins de l'antique île d'Albion, qui, à l'époque dont nous voulons parler, étaient des Saxons, il dut arriver un jour où ceux-ci donnèrent à la petite ville des bords de la Seine un nom en rapport avec leur langue. Nous pensons avec plusieurs historiens que ce nom fut Honne-fleoten. Et ce qui nous ferait pencher pour cette opinion, c'est que ceux qui la soutiennent s'appuient principalement sur ce que la terminaison Saxonne, *fleoten,* est la même, quant au sens, que notre terminaison française *fleu* et *fleur* (1).

Cependant la langue française commençait à se former. Lorsqu'elle fut sortie de sa première enfance, nos ancêtres cessèrent de désigner leur ville sous le nom de Honne-fleoten. Ils lui donnèrent une dénomination française. Dès lors elle s'appela Honne-fluet. Voici la raison qui nous détermine à émettre ce sentiment : d'après l'auteur du livre ayant pour titre *Gal. Christ.*

---

(1) *Dict. hist. et crit.*, par M. Bruzen La Martinière, tome III, 2ᵉ partie, p. 81, édition de 1726. — Huet, *Origines de Caen*, p. 448.

(c. XI, p. 426), la ville qui est située sur la rive opposée à notre territoire, et qui porte de nos jours le nom de Harfleur, s'appelait Héros-fluet, vers le milieu du XIe siècle. C'est ce qui résulte des nombreuses et savantes recherches d'un de nos concitoyens. Partant de ces données, ne nous est-il pas permis d'inférer que Honfleur, sa voisine, située comme elle sur le bord de la mer et portant un nom qui se termine de la même manière que le sien, devait s'appeler alors Honne-fluet.

Toutefois, à partir de sa formation jusqu'à nos jours, la langue française a subi de nombreuses modifications : c'est pourquoi notre ville natale ne garda pas longtemps le nom de Honne-fluet. Elle s'appela bientôt Honne-flou, dénomination qu'elle conserva jusqu'à la fin du XVIIe siècle. Elle fut encore connue pendant cet intervalle de temps sous le nom de Honne-fleu et sous celui de Honne-flot.

Enfin on l'appela Honfleur, et c'est ce nom qu'elle a gardé jusqu'à nos jours.

III.

Procurer à une ville les moyens qui constituent son bien-être, c'est répondre aux lois d'une sage prévoyance. Il ne suffit pas en effet de jeter les fondements d'une ville. Si on veut qu'elle prospère, il est de toute nécessité qu'on la dote des éléments nécessaires à son développement. Ces éléments, tout le monde le sait, sont surtout les affaires commerciales, mais pour que le commerce s'étende avec succès il faut des voies de communication. Celles-ci sont en effet des auxiliaires puissants qui mettent en relation les habitants de la cité avec ceux des contrées circonvoisines.

A ce sujet donc, nous allons donner quelques détails, fruit de nos recherches. Nous les croyons d'une grande importance : car nous sommes convaincu que tous ceux qui portent intérêt à la ville de Honfleur aimeront à savoir si elle fut avantagée, dès les premiers temps, de ces voies si utiles à sa prospérité.

Les habitants de Honfleur entretinrent-ils des

relations avec l'intérieur du pays? En d'autres termes, des voies de communication rayonnaient-elles, du centre de la jeune cité, à travers le pays qui forme aujourd'hui le canton de Honfleur?

C'est là une question fort débattue parmi les antiquaires. Les uns sont pour l'affirmative, les autres pour la négative. Quant à l'histoire, elle garde un silence absolu.

Pour nous, qui venons après les autres scruter de notre mieux les événements passés, nous ne savons trop quelle opinion embrasser.

Il est une chose du moins que nous regardons comme certaine : tant que les peuples Armoricains qui jetèrent les fondements de notre cité, s'occupèrent exclusivement de pêche, il n'y eut pas de voies de communication qui pussent relier notre territoire avec l'intérieur du pays.

En effet, les premiers peuples Celtiques n'aimaient pas les grands centres; ils les fuyaient et ils les combattaient même quelquefois. Leur vie était donc avant tout nomade. Dès lors il est tout naturel de penser que ces peuplades ne sentirent pas le besoin de confectionner des routes au moyen desquelles il leur fut possible d'entretenir des relations commerciales pour lesquelles ils n'avaient alors aucun goût.

La seconde colonie qui vint se fixer sur les bords de la Seine était commerçante. Pour elle, le trafic et les affaires semblaient lui convenir à merveille; aussi ses petites barques sillonnaient-elles de temps en temps la mer de la Manche, et allaient-elles aborder les rivages de la Grande-Bretagne dans le but d'exercer leur industrie commerciale.

Mais tandis que certains habitants de Honfleur traitaient d'affaires de commerce avec leurs voisins d'Outre-Manche, quelques-uns de leurs concitoyens entretenaient-ils des relations avec ceux qui habitaient l'intérieur du pays?

A cette question voici notre réponse :

Dans le principe, nous pensons que cette seconde colonie Armoricaine n'eut d'autres relations commerciales que celles qu'elle entretenait avec les habitants des îles Britanniques. Mais peu à peu le besoin d'étendre les branches de leur commerce dut se faire sentir; c'est pourquoi, comme ils n'avaient pas encore de voies de communication au moyen desquelles ils trafiquassent avec leurs frères de la terre ferme, ils durent nécessairement songer à l'établissement de ces voies : c'est là un point hors de doute.

Mais à quelle époque furent construites ces voies?

Jusqu'ici, aucun auteur, si nous en exceptons néanmoins M. Catherine, n'a osé résoudre cette question d'une manière absolue. D'après ce dernier historien de notre localité, quatre grandes voies, reliant Honfleur avec les endroits circonvoisins les plus importants, existaient déjà à cette époque où Jules César vint camper aux abords de notre territoire. M. Catherine va plus loin encore; il dit que ce fier conquérant de la Rome antique, lors de sa descente en Angleterre, choisit notre ville pour point central d'où il aurait combiné ses plans d'attaque. Et il ajoute que ces routes étaient *authentiquement gauloises*. Son assertion nous paraît incontestablement trop absolue, du moins pour certains points. Que dès le temps de Jules César, plusieurs voies de communication aient relié Honfleur avec les grands centres voisins, en cela, nous ne trouvons rien de contraire, sinon à la stricte vérité, du moins à la probabilité la plus grande. Mais que ces voies soient *authentiquement gauloises*, sans nier absolument son assertion, nous partageons le sentiment presque unanime de nos concitoyens : la plupart sont d'avis que ces voies n'étaient pas gauloises.

Quoiqu'il en soit de l'opinion de M. Catherine, pour nous, sans nous prononcer d'une manière absolue pour ou contre l'existence de plusieurs voies à l'époque de l'invasion romaine dans les Gaules par Jules César, nous croyons que ces voies doivent du moins dater des premiers siècles de l'ère chrétienne.

Et voici la raison qui a déterminé le sentiment que nous émettons : Ammien-Marcellin, dans la vie de Julien-l'Apostat, raconte que ce prince pour réprimer les invasions toujours croissantes des Saxons, vint camper à la tête de ses armées, à l'embouchûre de la Seine.

Il est vrai que cet historien ne nous dit pas à quel endroit des bords de la baie cet empereur romain fit placer son camp. En tous cas, ce ne dut être qu'à une très-faible distance de Honfleur, si ce ne fut à Honfleur même.

Cette ville, en effet, est assise sur les rives

méridionales de la Seine. Or, d'après Gabourd, ce fut près de ces rives que Julien-l'Apostat vint camper. Et cet historien ajoute même que le César romain affectionnait tendrement cet endroit. A ce détail serait-il difficile de reconnaître notre cité? Or si un empereur romain est venu avec son armée fixer son séjour à Honfleur, ou du moins non loin de Honfleur, ne semble-t-il pas tout naturel de penser que des voies de communication existaient déjà pour cette ville? Autrement, comment eût-il pu accéder à son camp? pourquoi l'eût-il placé dans un endroit si difficilement accessible?

Reste maintenant à déterminer quelles étaient ces voies de communication qui reliaient Honfleur avec les grands centres voisins.

Il y en avait quatre.

La première de ces voies, désignée dans les plus anciens titres des archives de Honfleur sous le nom de *vieille route*, partait du centre de la ville, longeait la rue Bavole, tout le quartier Saint-Nicolle, passait par le hameau de Moulineaux, traversait la commune d'Equemauville, celle de Saint-Gatien-des-Bois, entre les fiefs du Mont-Saint-Jean, le Plein-Chêne, la

Ransonnière, le Villemberg, et se réunissait à un embranchement situé sur la commune d'Anglesqueville, pour de là se mettre en communication avec toute la vallée d'Auge.

La seconde, très-rapide au départ de Honfleur, longeait la charrière Saint-Léonard, parcourait toute la commune de Gonneville, traversait les hameaux du Buquet et du Nouveau-Monde et entrait, par les Hunières, dans la commune de Fourneville.

La troisième, plus pittoresque, longeait la mer. Ce chemin partait de Honfleur par la rue Haute, passait près la pointe de l'Hôpital, traversait les communes de Vasouy et de Pennedepie, passait près du fief de Saint-Georges-de-Blosville, traversait la commune de Criquebœuf, séparait celle de Hennequeville de Daubeuf, et se dirigeait ensuite, par le pont de Touques, sur Dauville, Villers-sur-mer et Caen.

La quatrième, au sortir de la ville, longeait la mer par une longue rue, aujourd'hui détruite. Cette rue, qui prenait naissance au lieu dit la Levrette, quartier anéanti par suite de l'établissement du chemin de fer, tenait anciennement aux fortifications de la ville. Au sortir des fossés, cette voie se dirigeait sur la commune de la Rivière-Saint-Sauveur en passant par le hameau du Poudreux, le bas de celui de Saint-Clair, près l'ermitage, pour se continuer en longeant la vallée de Ficquefleur et en suivant toujours le bord de la rive, jusqu'à Berville-Grestain. Arrivée en cette endroit, elle décrivait une courbe sur Conteville, longeait la Risle, débouchait au bas de la côte de Toutainville et arrivait à Pont-Audemer par le quartier Saint-Germain.

D'autres chemins servaient encore à l'exploitation du pays; mais comme ils ont une importance secondaire, eu égard à ceux dont nous venons de faire la description, nous nous abstiendrons d'en indiquer ici le parcours.

Voilà donc, esquissé à grands traits, le tableau de Honfleur naissant. Jusqu'à ce moment, nous avons voyagé comme à travers un pays inconnu. Mais voici qu'un horizon apparaît devant nous: nous sommes au Xe siècle! Semblable au navigateur pour ainsi dire perdu sur l'immensité de l'océan pendant une nuit où le ciel est sombre et nuageux, nous avons vogué un peu à l'aventure. Pour ce nautonier, vienne à disparaître l'obscurité, vienne à briller l'étoile qui le guide, alors il reconnaît sa route, et se dirige avec bonheur vers le lieu où il doit arriver. Ainsi le xe siècle est pour nous cette étoile, qui commence, par sa lumière, à faire contraste avec les ténèbres du passé, cette étoile encore dont le foyer, devenant de plus en plus lumineux, nous conduira sûrement jusqu'au terme de notre course.

CHAPITRE II.

X^e — XIIe SIÈCLE.

Le neuvième siècle commençait quand les farouches Normands firent leur première apparition sur le territoire des Francs. De ses châteaux d'Austrasie, Charlemagne les aperçut, et on dit qu'il versa d'abondantes larmes en pensant que ces pirates feraient un jour bien du mal dans son empire.

Mais ce ne fut que vers le commencement du Xe siècle que les Normands vinrent ravager nos contrées. A cette époque, ils avaient à leur tête un chef vaillant. Le nom de ce guerrier farouche et redoutable était Roll ou Rollon (Raoul). Déjà la Lorraine, l'Angleterre et l'Aquitaine avaient été témoins de ses ravages. La Neustrie éprouva le même sort. Et même il semblerait qu'elle fut plus éprouvée. Rollon pilla les églises de cette belle contrée de l'empire Franc; il égorgea des prêtres; il emmena des femmes en esclavage. Charles-le-Simple qui était alors assis sur le trône de Charlemagne, fit un traité avec le chef Normand : il lui céda la Neustrie à condition qu'il cesserait de ravager son empire et même il donna sa propre fille, Ghisèle, en mariage à Rollon (912). Ce fut le traité de Saint-Clair-sur-Epte.

Mais en vertu des clauses de ce traité, la ville de Honfleur tomba-t-elle entre les mains de Rollon? Tout porte à conjecturer qu'il n'en fut pas ainsi. Il n'y eut en effet qu'une partie de la Neustrie qui fut cédée au roi de mer des Normands. Ses possessions durent s'arrêter à la rivière de la Risle.

En 923, Robert tenta d'usurper la couronne de Charles-le-Simple. Celui-ci se sentant trop faible par lui-même appela à son secours son gendre Rollon. Grâce à la bravoure des Normands, Charles-le-Simple remporta la victoire sur son compétiteur. Il fut libéral à l'égard de Rollon, et pour le récompenser du grand service qu'il venait de lui rendre, il consentit à lui céder le canton de Honfleur (1).

Cependant les anciens seigneurs de nos contrées n'attendaient que le moment favorable pour reconquérir leur domaine. Et quand Rollon fut descendu dans la tombe, ils pensèrent qu'il leur serait facile de triompher de son fils, Guillaume-longue-Épée : Ils prirent donc les armes. A leur tête, marchait Rioulf, seigneur d'Évreux. La victoire se déclara pour Guillaume. Il s'empara de tous les biens qui appartenaient au seigneur vaincu; il les mit sous séquestre : il fit même crever les yeux à Rioulf (936).

Ce fut à dater de cette époque que tout le pays d'Auge et le Lieuvin furent compris dans le duché de Normandie. Quelques historiens ont pensé que le canton de Honfleur aurait relevé, jusqu'au temps de Guillaume-le-Conquérant, du château ducal de Bonneville-sur-Touques et de la vicomté d'Auge.

Puisque nous avons parlé de Rollon, nous croyons utile de mentionner quels furent les

---

(1) Les Chroniques mentionnent que Rollon, parcourant ses états, est venu à Honfleur.

ducs de Normandie qui lui succédèrent jusqu'à Guillaume-le-Conquérant. Ce furent :

Guillaume-longue-Épée, de 927 à 942.

Richard Ier, sans-Peur ou aux-longues-Jambes, de 942 à 996.

Richard II, le-Bon, de 996 à 1026.

Richard III, de 1026 à 1028.

Robert-le-Libéral ou le-Magnifique de 1028 à 1035.

Guillaume-le-Conquérant, de 1035 à 1087.

Ces ducs normands peuvent-ils, à juste titre, être rangés au nombre des seigneurs de Honfleur? M. Catherine est de cet avis. D'après lui, tous ces ducs normands jouirent du privilége d'être appelés seigneurs de Honfleur. Mais quelle raison pourrait-il apporter en faveur de son assertion? aucune évidemment. Du reste pourquoi ne range-t-il pas Pépin-le-Bref, Charlemagne, etc... au nombre des seigneurs Honfleurais ? Il nous semble qu'ils en avaient tout aussi bien le droit que les ducs normands. Notre territoire leur appartenait aussi bien qu'à Rollon et à ses successeurs. Parce que Napoléon III est empereur des Français, et parce que nous nous faisons gloire, nous autres, d'êtres Français, faut-il dire que l'Élu du peuple est *seigneur honfleurais* ?

Pour nous, nous pensons que le premier seigneur de notre cité fut Herlevin de Conteville, beau-père de Guillaume-le-Conquérant.

HERLEVIN DE CONTEVILLE avait suivi le vainqueur de l'Angleterre, et il en avait reçu, à titre de récompense et d'amitié, la propriété de Honfleur. Et quand son bienfaiteur mourut à Rouen, en 1087, il eut la douleur de voir tous les courtisans du duc prendre la fuite, abandonnant le corps aux outrages des valets. Pour Herlevin, seul il resta fidèle au Conquérant. Il accourut au palais où gisait le cadavre de son illustre gendre : il rendit à ses frais les derniers honneurs à la dépouille mortelle de son suzerain : puis il s'embarqua sur la Seine et conduisit le cercueil royal à Honfleur d'abord, et de là à Caen.

Ce seigneur de notre localité ne survécut pas longtemps au Conquérant de l'Angleterre. Il était déjà mort en 1090, d'après une chartre de Robert, comte de Mortain, son fils. Il fut inhumé dans l'église de l'abbaye de Grestain, près de Harlète son épouse.

Au nombre des actions remarquables de la vie de notre premier seigneur Honfleurais, il faut ranger la fondation de l'abbaye de Grestain (1040). Nous avons un titre authentique par lequel il est constant que l'abbaye de Grestain est redevable de sa fondation à la piété de Herlevin de Conteville.

Voici ce titre :

« Le nécrologe de l'abbaye de Grestain regarde Odon ou Eudes Ier du nom, trente-et-unième évêque de Bayeux, comme son fondateur, quoiqu'elle soit redevable de sa fondation, à la piété de Herlevin de Conteville, son père; à cause seulement qu'il y avait consenti et que vers l'an 1040, le même Herlevin, apparemment à la prière de son fils, l'avait considérablement augmentée de ses biens. » (Extrait du *Gr. Dict. géogr.* de M. Bruzen La Martinière, tom. IV, 1re partie, page 329).

Le second seigneur de Honfleur fut ROBERT Ier, fils de Herlevin de Conteville. Celui-ci était comte de Mortain. Il reçut ce comté des mains de son frère Guillaume, qui l'avait confisqué lui-même sur le comte de Corbeil, son parent.

Robert Ier prit part à la conquête de l'Angleterre. Il accompagna même le Conquérant dans sa guerre contre le roi de France, Philippe Ier.

On ajoute qu'il trempa dans la révolte qui avait pour but de placer la couronne d'Angleterre sur la tête de Robert-courte-Heuze : mais il échoua dans son entreprise, et il fut contraint de revenir en Normandie. Le comte de Mortain est encore regardé comme le second fondateur de l'abbaye de Grestain. Par une chartre datée de 1090, ce seigneur de notre localité confirme aux religieux de cette abbaye, la propriété des biens que son père leur avait donnés; il leur accorde la dîme des foires entre la Risle et la Touques et les affranchit de toutes coutumes entre la Dives et la Vire.

Robert Ier épousa d'abord Mahaut ou Mathilde, fille de Roger de Montgommery, de laquelle il eut un fils et trois filles. Il épousa ensuite Almodie qui lui donna un fils, nommé Robert. Enfin, s'il faut en croire Artus-Dumoustier, il mourut en 1104. Et sa dépouille mortelle fut déposée dans l'abbaye de Grestain.

Le XIe siècle vit jeter les fondements de cette petite chapelle de Notre-Dame-de-Grâce qui devait devenir si célèbre et qui devait attirer dans son sanctuaire, consacré à la Vierge, un si grand nombre de pèlerins. C'est un duc normand, Robert-le-Libéral ou le-Magnifique (1028-1035). Qui est reconnu comme le fondateur de cette chapelle vénérée (1).

Dans les titres de fondation de cette abbaye de Grestain, dont nous avons eu l'occasion de parler tout-à-l'heure en faisant l'histoire du premier seigneur de Honfleur, il est parlé d'un Port-Noir (Portus-Niger) et d'un Noir-Rocher.

Voici ces titres :

Le premier titre (1040) est ainsi conçu :

« Les droits de pêche de l'abbaye de Grestain s'estendent depuis les gardes de Killebeuf jusques au Port-Noir. »

Plus tard, en 1190, une chartre de Richard-Cœur-de-Lion en date du 14 novembre confirme les donations précédemment faites aux moines de Grestain. Voici cette chartre :

« Richard reconnait aux moines qui servent Dieu à Grestain, du don de Robert, comte de

---

(1) Voir la *Notice historique* sur cette chapelle, par M. Claudius Lavergne, édition de 1865, chez Charles Lefrançois, éditeur à Honfleur.

Mortain, fils de Herlevin, frère de Guillaume, roi d'Angleterre et de Normandie : tous les droits sieuriaux et coustumes qu'il tenait de son frère le roy Guillaume, le long et sur le bord du rivage de la Seine, depuis les gardes de Killebeuf jusques au Port-Noir. C'est-à-dire toute la coustume de ce qui arrive par mer; qu'ils ont droit de prendre tant de mer pleine que de mer basse dans l'enclave desdites bornes à sçavoir : depuis lesdites gardes de Killebeuf jusqu'à Honne-fleu. »

Une transaction de la fin du XIIIe siècle consentie entre Robert Bertrand, cinquième du nom, baron de Roncheville, et les religieux de Grestain, limite les droits de leur abbaye en ces termes :

« Les religieux avaient droit au varech qui viendrait s'échouer entre la maison de Robert-Hachard, à Honfleur, où il y a une bonde. Quant à celui poussé entre cette bonde et Noir-Rocher, il devait appartenir au seigneur de Roncheville (1). »

Une déclaration des religieux de Grestain du

(1) Ch. de Beaurepaire, *De la Vicomté de l'Eau*, p. 178.

1er septembre 1450, porte que les droits de l'abbaye de Grestain « s'estendent, de vers le sud, depuis le gord de Killebeuf, jusqu'à Port-Noir, près de Honne-fleu (1). »

Un autre document, très-explicite en ce qui concerne la position du port eu égard à celle de la ville, s'exprime ainsi : « Le seigneur de Tancarville avait la propriété des eaux depuis le gord ou rabat de Killebeuf jusqu'à la tour carrée de Honfleur ou au Noir-Port (2). »

Un document en date de 1685 et non moins précieux que le précédent ne laisse plus aucun doute sur l'existence du Port-Noir à Honfleur. Cet acte est une réclamation adressée à M. de Marillac, intendant de Rouen, par l'abbé, le prieur et les religieux de Grestain. « Suppliant et remontrant qu'en vertu de leurs titres et possessions immémoriales, ils ont incessamment joui des droits de varech et choses gaives, de pêches, de coustumes et pasturages avec la haute, moyenne et basse justice dudit Grestain : depuis la grosse tour de Honne-fleu, dit au temps de leur chartre, c'est-à-dire en 1060, le

---

(1) *Archives Impériales*, p. 305, n° 227. — Cf *ibid*, et un aveu du même couvent, 18 oct. 1411, n° 202.

(2) Ch. de Beaurepaire, *De la Vicomté de l'Eau*, p. 171.

Port-Noir, jusques à la Croix-Devise près le port de Quillebeuf (1). »

Mais que faut-il entendre par ce Port-Noir ? Que faut-il encore entendre par ce Noir-Rocher ?

M. Catherine pense que le Port-Noir désigne une ville très-ancienne, qui devait exister à l'époque du Bas-Empire, et qui ne tarda pas à être détruite par les eaux. Tel n'est pas notre sentiment.

Ce Port-Noir existait au XIe siècle : les titres que nous venons de citer en font foi, autrement ils ne s'expliqueraient pas. Mais le Port-Noir désigne-t-il la ville de Honfleur elle-même ?

Ceci ne peut être admis. Il est vrai que si l'on prenait à la rigueur l'un des titres précités, le Port-Noir serait Honfleur lui-même. Ce titre en effet est ainsi conçu (voir la chartre de Richard-Cœur-de-Lion de 1190) : « ...depuis les gardes
« de Killebeuf jusques au Port-Noir, c'est-à-
« dire toute la coustume de ce qui arrive par
« mer ; qu'ils ont droit de prendre tant de mer
« pleine que de mer basse, dans l'enclave des-
« dites bornes à sçavoir : depuis lesdites gardes
« de Killebeuf jusqu'à Honne-fleu. »

(1) A. Canel, *Essai sur l'arrondissement de Pont-Audemer*, t. II, p. 458.

Tous les autres titres, au contraire, parlent toujours du Port-Noir comme étant situé tout près de Honfleur, et non pas comme étant Honfleur lui-même. Cette diversité s'explique à merveille.

Ce titre dont nous venons de parler et qui semble confondre le Port-Noir avec la ville de Honfleur, prend la partie pour le tout. Le port de Honfleur, en effet, a toujours été ce que la ville possèda de plus important. Sans son port, Honfleur serait-il ce qu'il est? Dès lors est-il étonnant que l'on parle du port de Honfleur comme étant en quelque sorte la ville elle-même. Au surplus, tout les autres titres précités placent le Port-Noir près de Honfleur et ne le confondent pas avec la ville.

Maintenant que nous savons que le Port-Noir n'est pas Honfleur, pourrions-nous rechercher ce qu'était le Port-Noir?

Le Portus-Niger était véritablement le port de Honfleur. On nous demandera peut-être pourquoi cette dénomination de Port-Noir. Nous répondrons que la vieille forêt au pied de laquelle les Armoricains avaient jeté les fondements de Honfleur existait encore au XIe siècle, du moins en partie. Les arbres séculaires qu'elle contenait devaient étendre au loin leurs rameaux et conséquemment devaient ombrager les alentours. Notre port était tout proche de cette forêt : dès lors l'ombre de ses arbres devait le couvrir, et devait répandre sur lui je ne sais quelle nuit anticipée au milieu du jour. Voilà pourquoi ce port était connu sous le nom de Port-Noir (Portus-Niger).

Reste encore à savoir ce que c'était que le Noir-Rocher dont parlent les titres que nous avons cités.

A notre avis ce Noir-Rocher était un point délimitant de la côte. On lui donnait ce nom à cause de la couleur noirâtre des roches placées sous la côte de Grâce.

Si on nous demande quelle position occupait ce rocher, notre réponse sera qu'il devait exister par delà l'hôpital actuel, à peu près en ce lieu qui de nos jours est connu sous le nom de Saint-Siméon. En effet, on remarque encore au pied de cette falaise plusieurs fontaines qu'on appelle du nom de la *Rocque* (roche), ce qui veut dire qu'il devait incontestablement y avoir naguère un rocher en cet endroit. Pourquoi ne serait-ce pas ce Noir-Rocher dont parlent les titres de l'abbaye de Grestain?

Si on nous demande encore jusqu'à quelle époque a existé ce Noir-Rocher? nous répondrons qu'il n'y a guère plus d'un siècle qu'il a disparu complètement. Comme preuve, qu'on nous permette de citer textuellement un passage dû à la plume de l'auteur d'une dissertation sur le dernier éboulement de la côte de Grâce, en 1771. « J'ai observé, dit cet écrivain, que depuis 1755 jusqu'en 1771, les falaises ont été détruites par les eaux de la mer et par le mauvais temps, de 66 pieds de large à prendre du pied des mêmes falaises. » Plus loin, le même auteur s'exprime ainsi : « *Un Rocher immuable* qui, en 1755, était et servait de base à la falaise et que la mer n'a jamais dérangé, est écarté de 67 pieds de cette falaise (1). » Ce rocher immuable, ce Noir-Rocher en d'autres termes (car c'est de lui que parle sans doute cet auteur), existait donc vers la moitié du XVIIIe siècle. Et ce fut à cette époque qu'il commença à disparaître.

---

(1) Archives de Honfleur.

CHAPITRE III.

XII° SIÈCLE.

L'histoire de la ville de Honfleur pendant toute la durée de ce siècle, peut se réduire à quelques faits seulement. Il ne nous reste pour ainsi dire aucun document se rapportant plus ou moins à notre cité pendant cette période séculaire.

Robert Ier venait de mourir. On était en 1104. Son fils GUILLAUME II devint alors seigneur de Honfleur.

Herlevin de Conteville et son fils s'étaient montrés généreux envers l'abbaye de Grestain. Il n'en fut pas de même du nouveau seigneur Honfleurais. Il tenta d'enlever aux religieux de cette abbaye, les domaines qu'ils avaient reçus de la part de ses pères. Le succès suivit ses désirs; il incorpora l'abbaye de Grestain au comté de Mortain.

Guillaume II voulut usurper sur le roi d'Angleterre, Henri I*er*, le comté de Kent, devenu vacant par la mort du fameux Odon, évêque de Bayeux, son oncle. A ce sujet il aborda le rivage de la Grande-Bretagne : il mit le pied sur le domaine du roi d'Angleterre. Celui-ci repoussa son attaque les armes à la main, et remporta la victoire sur le seigneur Honfleurais.

En guise de représailles, Guillaume II, vaincu, se mit à ravager le Cotentin. Roger de Montgommery et Robert, duc de Normandie, s'unirent à lui. Henri I*er*, possesseur de ces terres, marcha contre son ennemi le seigneur de Honfleur. Cette fois encore la victoire se déclara pour lui. Mais il en usa sévèrement. Quelques mémoires rapportent en effet qu'il fit crever les yeux à Guillaume.

Voilà tout ce que nous savons sur la vie de ce troisième seigneur de notre cité. Sa mort arriva l'an 1138. Il y avait trente ans qu'il était captif dans le pays de Galles, au château de Cardiff.

Dès lors notre territoire releva de la couronne d'Angleterre.

Si nous adoptions le sentiment de M. Catherine, nous pourrions facilement continuer la liste de nos seigneurs Honfleurais. Car, à partir de ce jour où Henri Ier cueillit les lauriers du triomphe dans les plaines de Tinchebray, notre territoire fut soumis à la domination Anglaise. Et comme pour cet auteur il suffit d'être roi d'un pays quelconque pour être appelé le seigneur de toutes les villes de ce pays, il s'ensuivrait que Henri Ier (1106 à 1135), Etienne (1135 à 1144), Geoffroy d'Anjou (1144 à 1150), Henri II (1150 à 1189), Richard-Cœur-de-Lion (1189 à 1199), Jean-sans-Terre (1199 à 1204), furent les seigneurs de Honfleur. Evidemment son sentiment ne peut être suivi.

Ce veuvage continua jusqu'au jour où les Bertrand de Roncheville, dont nous parlerons plus loin, héritèrent, à titre de seigneurs, des domaines du pieux Herlevin de Conteville.

Dans le chapitre précédent, nous parlions de la fondation de Notre-Dame-de-Grâce. Mais nous ne nous sommes pas encore arrêté en présence des monuments pieux que pouvait renfermer la cité Honfleuraise.

Depuis deux siècles, l'architecture avait pris de la hardiesse et de la couleur; elle s'était grandement développée: elle était devenue florissante.

Pourrait-on savoir si des églises furent alors construites à Honfleur, et quelles furent ces églises ?

M. Thomas est d'avis que quatre églises existaient déjà avant l'an 1204. D'ailleurs à cette occasion qu'on nous permette de citer ses propres paroles :

« Ces églises étaient : Sainte-Catherine-des-
« Bois, Saint-Étienne-des-Prés, Notre-Dame-des-
« Vases et Saint-Léonard-des-Champs. La pre-
« mière est, sans contredit, la plus ancienne.
« Il n'est pas douteux que la forêt de Touques
« couvrait tout le territoire qui nous environne.
« On en trouve encore des traces au fond du
« vallon que côtoie la route de Pont-l'Évêque;
« à l'ouest, elle a été remplacée par les com-
« munes de Vasouy et de Pennedepie, au-devant
« desquelles la mer en recèle les restes, qu'elle
« nous montre de temps à autre réduits à l'état

« de tourbe. Alors elle occupait tout le versant
« oriental, de la côte de Grâce. Ce n'est que
« successivement que ce côteau a été défriché
« entièrement, habité particllement, et converti
« en faubourg.

« L'église, qui fut la première, et longtemps
« peut-être la seule, pour la population qui s'é-
« tait assemblée plus bas, était alors peu grande
« et à une seule nef; elle était bâtie en bois, et
« il en fut ainsi des édifices religieux jusqu'au
« VIe siècle. Elle était relative à une population
« faible et peu aisée.

« A mesure que le nombre des habitants
« augmentait, une nouvelle église devenait né-
« cessaire. Ce fut alors que l'on bâtit celle de
« Saint-Etienne, au milieu de prairies, qui n'ont
« été couvertes de maisons que dans le XVIIIe
« siècle, dont les restes sont arrosés par la
« Claire, au fond du vallon, et où pour en con-
« server le souvenir, on a maintenant la rue des
« Prés. Cette église est en pierre, mais d'un
« mauvais goût et d'une architecture qui indi-
« que un art peu avancé; on pourrait la croire
« du XIe siècle, sans être en contradiction avec
« ce que nous avons dit plus haut.

« La troisième en date nous paraît être Saint-
« Léonard. Il ne reste de l'ancien édifice que le
« portail et la première travée, mais c'est l'ogive,
« c'est la dentelure des églises du XIIe siècle.
« La ville avait déjà pris quelque développe-
« ment, quelque richesse; son territoire s'éten-
« dait, à l'est, jusqu'au ruisseau nommé
« l'Orange, au sud, jusqu'aux paroisses rurales
« limitrophes, et comprenait, comme encore
« aujourd'hui, beaucoup de champs cultivés.

« La quatrième, dans l'ordre des dates, nous
« semble être celle dédiée à Notre-Dame, dont
« il ne reste aucune ruine, aucune gravure,
« mais que tout le monde s'accorde à dire avoir
« été très-jolie. Comme le rempart du nord
« n'existait point encore, et que les vases s'é-
« tendaient jusque très-près d'elle, suivant tou-
« tes les apparences, elle en tira son surnom
« pour la différencier de Notre-Dame-de-Grâce,
« fondée dès 1036. Une tradition, assez vague
« d'ailleurs, attribue la construction de cette
« église paroissiale aux Anglais. La date serait
« alors antérieure à 1204, puisqu'en cette année
« la province fut réunie à la France (1). »

(1) P. P. P. Thomas, *Histoire de Honfleur*, p. 12-14, édition de 1840.

Faut-il admettre le sentiment de cet historien? Si nous avons bien compris ce que dit M. Thomas, nous pensons qu'il est parfois dans le faux. Citons seulement un seul exemple : M. Thomas semble supposer que cette église Saint-Léonard, antérieure à 1204, est celle-là même dont le portail, seul reste de ce monument, se voit encore aujourd'hui. « *La troisième en date,* « dit-il en effet, *nous paraît être Saint-Léonard.* « *Il ne reste de l'ancien édifice que le portail et* « *la première travée, mais c'est l'ogive, c'est la* « *dentelure des églises du* XIIe *siècle.* »

Les antiquaires de Normandie, entre autres M. de Caumont, ne partageraient pas l'opinion de M. Thomas. Tous s'accordent à dire que ce magnifique portail date du XVe et du XVIe siècles (1).

Pour notre compte, nous sommes porté à admettre que les paroisses Sainte-Catherine et Saint-Léonard avaient déjà leurs églises au XIIe siècle; mais que ces monuments religieux n'étaient nullement ceux dont veut parler M. Thomas. Ces églises primitives furent détruites au

---

(1) M. de Caumont, *Statistique monumentale du Calvados*, canton de Honfleur, t. IV, p. 328, édition de 1862.

xve siècle, comme nous le dirons en temps et lieu. Et elles furent remplacées par celles dont il reste encore de nos jours quelques vestiges, comme une des nefs pour l'église Sainte-Catherine et le portail pour l'église Saint-Léonard.

A la fin du xiie siècle les Honfleurais n'avaient pas seulement à se glorifier des constructions pieuses que renfermait la cité. Elle pouvait encore montrer avec gloire à ses ennemis, des fortifications destinées à la défendre.

En 1204, la ville de Honfleur était fortifiée. Nous lisons en effet ces mots : « Honfleur ouvrit ses portes à Philippe-Auguste. » Dès lors que l'on dit d'une ville qu'elle ouvre ses portes, on veut faire entendre, d'après le langage vulgaire et reçu, que cette ville est fortifiée.

Mais depuis combien de temps existaient ces fortifications?

Nous consultons l'ouvrage de M. Catherine, et nous y lisons, page 55, les lignes suivantes: « Il nous est impossible, sans documents, de dire l'importance des fortifications qui furent élevées à Honfleur par ordre de Charlemagne. »

Fort de ce renseignement, nous pensions avoir, grâce à cet historien, trouvé l'énigme au sujet de la question qui nous occupe, quand nous avons lu dans le même auteur ce qui suit : « En 1144, Honfleur sans doute n'était pas encore fortifié. » En présence de cette contradiction, nous trouvons que M. Catherine n'était pas fort renseigné sur ce point. Pour nous, qui ne voulons pas imiter cet historien dans ses contradictions, nous pensons qu'il est plus sûr de ne prendre aucun parti.

Honfleur était fortifié en 1204; c'est là un fait à peu près certain. Ses fortifications devaient avoir été commencées depuis un certain temps. La fin du XIIe siècle, dont nous nous occupons pour le moment, dut donc en voir, sinon l'achèvement, du moins l'édification première.

Mais laissons de côté cette question : nous l'avons suffisamment résolue. Voici qu'une autre, non moins grave, se présente à nous. Qu'était alors le port de Honfleur, ce Port-Noir dont nous parlions un peu plus haut ?

Nous n'oserions donner à ce problème une solution absolument certaine : mais cependant nous sommes intimement convaincu que, vers la fin du XIIe siècle, le port Honfleurais avait acquis déjà une certaine importance. Voici la raison qui motive notre opinion. Il y a quelques années, on a retrouvé en Angleterre un document qui porte la date de 1198, et qui se rattache de la manière la plus étroite à la ville de Honfleur. Ce titre, extrait du grand rôle de l'échiquier de Normandie, indique notre port comme celui d'où partaient les vins qui devaient être servis sur la table du roi d'Angleterre (1).

C'est dans un double but que nous avons mentionné ce fait. D'abord il est glorieux pour notre ville natale; et, comme enfant de la cité, tout ce qui touche à Honfleur, nous touche comme à la prunelle de l'œil. Puis ce fait nous permet de déduire une conclusion qui, sans être hors d'aucun doute, a néanmoins une force majeure, une valeur incontestable. En 1198, le port de Honfleur était important : le document que nous venons de rapporter en fait preuve. Or, une ville, un port de mer, ne grandissent pas instantané-

---

(1) In costamento vinorum Regis ducendorum à Honneflo usque Rothomagum et pro eisdem avallandis, 4 lib. 19 s. 6 d. (*Magnus Rotulus scaccarii Normannia*, an. Dom. MCXCVIII, membrane 6, p. 32, c. 2.)

« Pour prix du transport des vins du Roi, de Honfleur à Rouen, et pour les décharger, 4 livres, 19 sols, 6 deniers. » (Tiré des **Grands Rôles de l'Échiquier de Normandie** [1198], publiés en Angleterre par Stapleton, en France par la Société des Antiquaires de Normandie, t. XVI, in-4°.)

ment, en un clin-d'œil : il leur faut du temps pour faire des progrès marqués. Paris fut longtemps l'humble Lutèce avant d'être la grande et splendide cité que tout l'univers se plaît de nos jours à voir et à admirer. Pour ceux donc qui pourraient être d'avis que l'on ne doit pas faire remonter l'existence de notre ville au-delà du xiie siècle, sous prétexte que nous ne retrouvons pas de documents certains qui remontent plus haut dans le lointain des âges, nous leur dirons : dans l'hypothèse que Honfleur ait été édifié à cette époque, expliquez-nous comment, au sortir de sa première enfance, quand il était encore pour ainsi dire dans les langes, il avait attiré déjà les regards des successeurs du Conquérant; il était déjà, avec Rouen, le port le plus important de notre riche Normandie?

CHAPITRE IV.

XIIIe SIÈCLE.

L'Anglais était encore maître de notre belle province. Mais le jour n'était pas loin où nous allions secouer son joug.

Jean-sans-Terre, le front ceint de la couronne d'Angleterre, venait d'ordonner un meurtre ! L'héritier de la Normandie, l'aimable Arthur, le neveu même du roi de la Grande-Bretagne, fut assassiné à Rouen, en l'an 1203.

A peine ce crime fut-il commis, que les pairs du royaume prononcèrent la confiscation de la Normandie. A cette nouvelle, le roi de France, Philippe-Auguste, se déclara le vengeur d'Arthur. Ce prince se mit donc en campagne, et tandis qu'il reprenait une à une les places fortes de la Normandie, le lâche Jean-sans-Terre habitait tour à tour les châteaux qui avoisinent Honfleur, et s'occupait à peupler de daims, amenés à grand frais du nord de l'Europe, les forêts de ce beau duché qu'il allait bientôt quitter pour toujours.

En 1204, le roi de France se présenta devant Honfleur, et la ville lui ouvrit ses portes avec joie. Il la donna pour apanage à Bertrand de Roncheville, chevalier tout dévoué à la cause française.

C'était un grand pas que venait de faire Honfleur vers sa délivrance du joug des Anglais. Encore trente-un ans, et la délivrance sera complète. Et le monarque de la Grande-Bretagne n'aura plus aucun droit sur notre territoire, jusqu'à ce que, vers le milieu du XIVe siècle, l'heure des combats ait sonné, jusqu'à ce que la guerre de Cent-Ans ait été déclarée entre la France et l'Angleterre.

Depuis 1204, année où Philippe-Auguste entra en vainqueur dans notre cité, Honfleur, redevenu propriété privée, n'a plus d'autre histoire que celle de ses seigneurs, les Bertrand de Roncheville.

C'est d'abord ROBERT-BERTRAND, IIIe du nom. Ce seigneur était chargé de porter l'étendard des ducs de Normandie. On dit encore qu'il fit plusieurs donations à l'abbaye du Bec-Hellouin.

Puis vint ROBERT-BERTRAND, IVe du nom. A peine avait-il succédé à son père comme seigneur de notre cité, que l'Anglais dût pour toujours s'éloigner de nos contrées. Bertrand IV de Roncheville était valeureux ; il aimait les combats. Il accompagna saint Louis dans une de ses expéditions (1242). Il eut la gloire de porter le titre de connétable de Normandie.

Ce fut ensuite ROBERT V. L'histoire de sa vie peut se résumer à quelques différents avec l'abbaye de Grestain, au sujet du droit de coutume le long de la Seine.

En terminant le chapitre précédent, nous nous demandions ce qu'était à la fin du XIIe siècle le port de Honfleur. Nous avons vu que nos pères entretenaient des relations au moins avec Rouen et l'Angleterre. Un siècle s'est écoulé. Qu'est devenu le commerce de notre ville ? s'est-il

étendu ? a-t-il pris de l'accroissement ? L'élan était donné. Les relations commerciales étaient devenues de plus en plus nombreuses. Déjà les Honfleurais étaient en rapport avec les marchands des îles Baléares et des principales villes d'Espagne. Mais, à ce sujet, laissons parler M. Charles de Beaurepaire. « A la fin du XIIIe
« siècle et au commencement du XIVe, dit cet
« écrivain, les marchands de Majorque, d'Ara-
« gon et de Castille, attirés par les faveurs dont
« nos rois les comblaient, remplissaient de leurs
« vaisseaux, des produits de leur sol et de leur
« industrie, le port de Rouen et *surtout* ceux
« de Harfleur et de Honfleur. » Il est bon de remarquer ces dernières paroles de Charles de Beaurepaire; il s'ensuit en effet que notre port entretenait alors, avec ces marchands espagnols, plus de relations que celui même de Rouen.

La tâche la plus difficile de notre travail nous semble accomplie. L'étoile qui nous guidait va dorénavant briller de son éclat le plus vif. Ce champ de l'histoire est vaste. Beaucoup de ses parties n'ont pas encore été creusées.

Pour celui qui essaie de défricher cette terre vierge, il est impossible qu'il ne se rencontre pas de nombreuses difficultés.

Mais à présent un nouvel horizon va paraître. Le XIVe siècle a surgi, l'histoire va redevenir de plus en plus certaine.

Maintenant, nous aurons à enregistrer de grandes luttes. N'aperçoit-on pas déjà l'Anglais armant ses nombreux navires et s'apprêtant à mettre à feu et à sang cette belle et riche contrée de la Normandie? Honfleurais! vous qui aimez la France, il nous semble que vous frémissez à la pensée que peut-être le drapeau britannique flottera un jour sur les vieux remparts de votre cité. Mais je vous vois déjà vous mettre sur le pied de la défensive, je vous vois faisant appel à votre cœur de français. Et, par cette ardeur juvénile que vous déployez pour vous disposer à la défense, il est apparent pour tous que la lutte sera opiniâtre et terrible.

Mais parlons de cette guerre. Retraçons ce grand combat que soutînt, entre les autres villes Normandes, la vieille cité Honfleuraise contre nos fiers ennemis de l'antique île d'Albion.

CHAPITRE V.

XIVe SIÈCLE.

Les Roncheville étaient toujours seigneurs de notre cité.

Robert V n'était plus. Son fils lui succéda : c'était Robert VI.

Dire le nom de Robert VI, c'est dire le nom de celui des Roncheville qui, de tous, fut le plus remarquable. Il était à la fois baron de Briquebec, lieutenant du roi dans les provinces de Normandie, de Guyenne et de Saintonge, et enfin maréchal de France.

La lutte qui exista entre Philippe de Valois et Édouard III d'Angleterre, contribua grandement à la gloire de son nom.

Le dernier des Capétiens était mort. Sur quelle tête va se reposer la couronne de France? Sera-ce sur la tête du petit-fils de Philippe-le-Hardi, du comte de Valois? ou bien le descendant des Plantagenets, l'Anglais Édouard III, sera-t-il sacré roi de France? L'un et l'autre semblent avoir des droits à la couronne vacante : les partis sont en lutte.

Le seigneur Honfleurais sent couler dans ses veines un sang généreux. Il ne peut se tenir à l'écart : lui aussi il va prendre parti dans la querelle des deux princes.

Mais pour qui se déclarera-t-il ?

Philippe de Valois est son roi! c'est lui qu'il reconnaît; c'est lui qu'il veut défendre contre tout usurpateur.

Voilà pourquoi nous le voyons assister, en 1328, au sacre du petit-fils de Philippe-le-Hardi. Et quand le roi des Anglais, Édouard III, viendra rendre, en 1329, dans la ville d'Amiens, l'hommage à Philippe VI, le seigneur Honfleurais sera là!

Édouard III ne peut voir, sans un mécontentement secret, son compétiteur assis sur le trône de Charlemagne. Il méditait de ressaisir cette couronne qui lui avait échappé des mains. Dans ce but, il fait entrer dans son parti l'empereur d'Allemagne : puis, comptant sur ce renfort, il réclame ouvertement son droit au trône royal de France.

Le valeureux Robert VI de Roncheville n'hésitera pas pour prendre une détermination dans cette guerre. Philippe de Valois ne serait-il plus son roi ?

De nos ports de Normandie partit un jour une flotte nombreuse. Honfleur avait fourni six navires. Mais le roi d'Angleterre avait sous ses ordres un grand nombre de combattants. Les deux flottes se rencontrèrent au port de l'Ecluse; la victoire se déclara pour l'Anglais; c'était en 1340. Le vainqueur usa de son triomphe en prince barbare. Il incendia et dispersa la plupart de ces navires.

Vers cette époque, Robert VI eut un léger démêlé avec Geoffroy de Harcourt, baron de Saint-Sauveur-le-Vicomte. Ces deux seigneurs allèrent même jusqu'à tirer l'épée en présence du roi. La querelle s'envenima, et Geoffroy de Harcourt, pour se venger de son ennemi, assiégea la forteresse de Neuilly, qui appartenait à

Guillaume Bertrand, évêque de Bayeux, frère du maréchal.

Cependant, l'Anglais Edouard III espérait toujours reconquérir le trône de France. D'ailleurs Geoffroy de Harcourt s'était réfugié auprès de lui et il avait soufflé dans son âme le vent de la révolte et de la guerre.

Aussitôt, l'Anglais Edouard est débarqué à la Hogue près de Cherbourg. On est au 12 juillet 1346. Ce n'est là que le commencement de la guerre. Les vieilles cités Normandes : Bayeux, Caen et Lisieux, voient Edouard III traverser leurs rues en vainqueur. Notre cité ne fut pas plus heureuse.

Mais pendant ce temps, que faisait le vaillant Roncheville? Il aurait bien voulu repousser l'envahisseur : mais il ne pouvait disposer que d'une poignée d'hommes. Et que pouvaient ces quelques combattants contre toute une armée? Dès lors son parti est pris. Il s'enferme dans le château de Caen et il se joint à ses valeureux défenseurs.

Cette expédition du roi de la Grande-Bretagne se termina sur le champ de bataille de Crécy! Un sang noble fut répandu : celui du fils aîné de Robert VI, coula dans ces plaines, qui furent témoin du triomphe de l'ennemi.

Le seigneur Honfleurais ne pouvait survivre longtemps à cette défaite et à la victoire de l'Anglais. Il descendit dans la tombe en 1348.

Son fils, GUILLAUME BERTRAND, devint après lui seigneur de Honfleur.

L'année même où celui-ci héritait de son père, la peste ravagea notre province.

La lutte entre le roi de France et le roi d'Angleterre était loin d'être terminée. Philippe de Valois était mort.

La couronne avait passé sur la tête de Jean-le-Bon. Le nom de ce prince rappelle pour la France de bien tristes souvenirs. Qui ne déplorerait en effet la désastreuse journée de Poitiers (1350)!

Cette année-là même, le nouveau seigneur Honfleurais obtint l'établissement de deux foires à Honfleur : la première devait se tenir le jour Saint-Nicolas, et la deuxième le jour Sainte-Catherine.

Alors, Honfleur était fortifié. Le faible Jean-le-Bon craignait toujours l'Anglais. Voilà pourquoi Robert de Thiboutot reçut à cette époque le commandement de la place de Honfleur : son poste était d'empêcher une nouvelle descente des Anglais.

Vains efforts de la part du fils de Philippe de Valois! Honfleur revit l'ennemi : c'était en 1357. Déjà Pont-Audemer venait d'ouvrir ses portes au roi Breton : Honfleur va subir le même sort. C'est ce que nous apprend la *Chronique des quatre premiers Valois*

Fier de la victoire, l'Anglais pilla notre ville. Il leva des impôts; il ravagea les campagnes environnantes; il se saisit des navires qui montaient et descendaient la Seine, et il confisqua à son profit ceux qui stationnaient dans le port. En un mot, il exerça dans la ville et les environs une tyrannie si odieuse, que son nom, pareil à celui de l'ange des ténèbres, était pour tous les Normands, un sujet d'indicible horreur. Et l'on raconte que, chaque jour, nos pieux ancêtres récitaient dans leurs prières cette invocation :

Seigneur, délivrez-nous des Anglais!

Mais l'heure de la délivrance n'avait pas encore sonné. Les Anglais d'ailleurs n'étaient pas disposés à quitter de sitôt notre ville. Honfleur en effet était devenu pour eux comme un centre autour duquel ils rayonnaient dans tout le pays environnant. Inutile de dire que le ravage les suivait partout.

Il n'entre pas dans notre plan de raconter toutes les vexations que ce barbare ennemi fit subir aux contrées circonvoisines.

On avait comme perdu, à Honfleur, tout espoir de chasser les Anglais par la force. On prit donc le parti de s'en débarasser à prix d'argent.

On leva des subsides, et avec eux on convint du prix de la rançon de la ville. Du reste, Edouard III y consentit volontiers; il avait même donné l'ordre à ses troupes d'abandonner Honfleur. C'était à la fin de l'année 1360.

Il y avait donc trois ans déjà que l'ennemi était maître de notre territoire et ravageait notre ville. Cependant ce ne fut qu'en 1367 que nos ennemis d'Outre-Manche quittèrent définitivement le sol Honfleurais.

Sur ces entrefaites, Guillaume Bertrand, seigneur de Honfleur, était allé rejoindre, dans la tombe, ses illustres ancêtres.

Mais à qui appartiendra désormais la seigneurie de Honfleur? car Guillaume Bertrand ne laissait pas d'enfants.

Deux compétiteurs se présentent. C'est d'abord Gérard Chabot, seigneur de Rays. C'est encore Louis de Harcourt. Le premier réclame Honfleur comme étant la propriété de Philippine Bertrand, sa femme, vicomtesse de Roncheville. Le second n'a d'autre titre à la possession de la ville, que l'envie de trôner dans une cité qui avait été témoin de sa captivité.

Louis de Harcourt l'emporta. Il garda Honfleur jusqu'en 1371. Pendant qu'il occupait la ville, une action eut lieu qui mérite d'être mentionnée : Charles V, qui venait d'hériter de la couronne de France, devenue vacante par la mort de Jean-le-Bon, ordonna la construction de nouvelles fortifications à Honfleur (1368). Ces fortifications firent de notre ville une place très-forte. Elles avaient pour but de défendre nos côtes contre l'Angleterre, notre séculaire ennemie.

Mais Gérard Chabot venait de mourir (1371). Louis de Harcourt abandonna ses droits prétendus sur la seigneurie de Honfleur. Dès lors elle échut à Philippine Bertrand, épouse de Gérard. A sa mort, la seigneurie de Honfleur passa entre les mains de sa sœur, Jeanne Bertrand. Avec celle-ci s'éteignit l'illustre famille des Roncheville. Les armes de cette famille étaient : *d'azur au lion de sinople, armé, lampassé et couronné d'argent.*

Pendant que la vieille famille normande des Bertrand de Roncheville s'éteignait, un descendant de Charlemagne était nommé gouverneur de Honfleur : c'était l'illustre amiral Jean de Vienne. Dès lors, une époque de gloire et de prospérité commença pour la ville. De nombreux navires furent rassemblés dans son port, et Jean de Vienne, dont le système consistait à prendre l'offensive et à attaquer les Anglais chez eux, dirigea plusieurs expéditions qui allèrent ravager les plus belles provinces de l'ennemi, et devint aussi redoutable aux Anglais que ceux-ci l'avaient été aux Normands.

Sous le gouvernement de ce célèbre amiral, une flotille anglo-flamande, composée de neuf bâtiments, se présenta sur la rade de Honfleur. Les intrépides marins de ce port se joignirent à l'armée française. Ils abordèrent la flotille ennemie avec un courage à toute épreuve. La victoire couronna leurs vaillants efforts. Ils mirent en déroute l'escadre anglaise et flamande; ils coulèrent et prirent plusieurs de ses navires, et ils firent prisonnier l'amiral Hugues-Spencer, qui la commandait. Des chansons populaires célébrèrent cette brillante action.

Voici encore un autre fait arrivé sous le commandement du même amiral. Charles VI était roi de France. Voulant profiter des troubles de l'Angleterre, il fit armer deux flottes : l'une à Tréguier, l'autre à Harfleur. La première ne prit point la mer; pour la seconde, elle fut commandée par Jean de Vienne. Honfleur avait fourni son contingent d'hommes et de navires à cette petite flotte de Harfleur que commandait l'amiral de France. Mais cet armement ne fut couronné par aucun succès.

Ce fut pendant que Jean de Vienne était gouverneur de Honfleur que Charles VI passa par notre ville. Le comte de Saint-Pol et une suite nombreuse accompagnait ce prince. Les Honfleurais l'accueillirent avec enthousiasme; ils connaissaient trop bien les ravages du descendant des Plantagenets.

Jean de Vienne couronna sa noble et glorieuse carrière par la mort d'un croisé. Il fut tué à Nicopolis, en 1396. Et le lendemain de la défaite des Français, le sultan Bajazet, parcourant le champ de bataille, trouva le corps de l'amiral étendu sur un monceau de cadavres musulmans, et serrant encore dans ses vaillantes mains l'étendard de Notre-Dame (1).

Un nouveau gouverneur fut donné à notre ville : il s'appelait Renaud de Trie (1396-1406).

Comme nous l'avons vu, la famille des Bertrand de Roncheville s'était éteinte. La famille de La Roche-Guyon lui succéda. Voici comment : la dernière des Roncheville, Jeanne Bertrand, avait épousé, en 1353, Guy IV de La Roche-Guyon. Son fils, Guy V, devait hériter, de sa mère, la seigneurie de Honfleur.

Guy V jouit pendant trente-huit ans du privilège d'être seigneur de notre cité (1373-1411). L'histoire de sa vie peut se résumer ainsi qu'il suit : pendant quatre années (1380 à 1383), Guy V servit en Flandre le comte de Dammartin et le sire de Torchy. Deux années plus tard

---

(1) L'illustre maison à laquelle appartenait Jean de Vienne n'est point éteinte. Le marquis de Pontoi Camus de Pont-Carré la compte au nombre de ses ancêtres maternels. Sa grand'mère, Marie-Paule de Vienne, épousa Camus de Pont-Carré, dernier président du Parlement de Normandie. M. le marquis de Pontoi, son petit-fils, marié à Mlle Marie Denois, fille de feu le baron Denois et de Mme Elisabeth Herval de Vasouy, ramène, cinq siècles plus tard, dans le canton de Honfleur, des arrière-neveux du célèbre gouverneur de notre ville.

(1386), lorsque le roi de France conçut le projet de faire une descente en Angleterre, Guy V se trouvait à Amiens. Dix ans plus tard (1396), il fut nommé grand pannetier de France.

Depuis Philippe-Auguste jusqu'à la fin du xive siècle, la ville de Honfleur avait été de plus en plus fortifiée. Le xive siècle vit la construction du fort Bourbon ou du Dauphin, du bastion de Saint-Léonard à la porte de Rouen, du fort de La Roque à la pointe de l'Hôpital.

Au rapport de M. Catherine, ce siècle vit encore la construction de l'église Saint-Étienne. M. Thomas regarde ce monument comme édifié vers le xiie siècle (voir page 45). Son opinion est évidemment fausse et erronée. En est-il tout autrement de celle de M. Catherine? en d'autres termes, cet historien a-t-il en cela la vérité? Si nous nous en tenons à la science archéologique des antiquaires de la Normandie, notamment de M. de Caumont, l'église Saint-Étienne serait postérieure au xive siècle. Voici en effet les paroles de cet éminent archéologue : « *L'ancienne église Saint-Étienne sert aujourd'hui d'entrepôt. La*

« nef appartient au xve siècle, mais le chœur,
« avec son chevet à pans, ne doit être que du
« xvie (1). »

Le xive siècle est terminé. Le Moyen-Age touche à sa fin. Nous sommes sur la limite de ce qu'on appelle l'histoire moderne. La civilisation poursuit sa marche. La féodalité existe encore ; mais elle a perdu son prestige ; mais elle décroît, elle s'affaiblit, elle meurt.

Avant de faire l'histoire de la ville de Honfleur pendant le xve siècle, pendant ce siècle qui vit expirer le Moyen-Age (1453), portons un peu nos regards en arrière. Portons-les vers ces temps reculés que nous venons de parcourir. Des coutumes existaient à Honfleur. Le lecteur voudra savoir peut-être quelles étaient ces coutumes : nous le lui dirons en deux mots.

Inutile de parler de la féodalité. Elle régnait partout en France. Elle tenait toute cette belle contrée dans ses bras puissants : par conséquent donc, elle existait à Honfleur. Par suite, il devait

(1) M. de Caumont, *Statistique monumentale du Calvados*, canton de Honfleur, p. 328.

y avoir le châtelain ou possesseur de fiefs, et le vassal. Redire ce que c'était que le châtelain et le vassal, serait rentrer dans le cadre de l'histoire générale. Nous nous en abstiendrons donc. Remarquons seulement qu'il y avait plusieurs fiefs dépendant de la seigneurie de Honfleur; tel était, par exemple, le fief de Saint-Nicolle.

Si maintenant on veut savoir quels étaient les droits et coutumes particuliers à nos ancêtres du Moyen-Age, il faut remarquer que Honfleur est à la fois port de mer et ville.

A qui, en vertu de la coutume, appartenait le droit de pêche dans la baie de Seine? Ce droit appartenait aux religieux de Grestain depuis le « *gord ou rabat de Quillebeuf jusqu'à Honnefleu.* » Les comtes de Tancarville prétendirent qu'ils pouvaient, eux aussi, jouir de ce privilége. Différentes contestations eurent lieu : enfin la querelle fut vidée, par une transaction, entre les deux parties contestantes (1). En sorte que les pêcheries, depuis Honfleur jusqu'à Quillebeuf, furent partagées entre l'abbaye de Grestain et la seigneurie de Tancarville. Quant au droit de

(1) 11 février 1408.

pêche au delà de Honfleur jusqu'à Villerville, il était l'apanage du seigneur de Roncheville.

A qui appartenait le droit de varech depuis Quillebeuf jusqu'à Honfleur? D'après la chartre de fondation de l'abbaye de Grestain, ce privilége était dévolu aux religieux de ce monastère. Mais au XIIIe siècle, le seigneur de Tancarville prétendit que ce droit était le sien. L'abbaye de Grestain l'emporta; mais depuis lors, elle n'exerça plus son privilége qu'en *aval* de l'épine de Berville jusqu'à Honfleur. Quand au varech qui venait s'échouer au delà de Honfleur jusqu'à Villerville, il appartenait au baron de Roncheville.

En tant que cité, Honfleur avait ses coutumes. Voici ce que nous lisons dans les archives de cette ville : « *Toutes marchandises quelconques, vendues en la ville de Honnefleu, doivent coutume tant du vendeur que de l'acheteur. Sont exceptés les bourgeois de la ville, nuëment tenans et demeurans en ladite ville, sur les fiefs de la seigneurie, lesquels sont francs de vendre et d'acheter.*

« *Les paroissiens de Bonneville-sur-Touques, de Canapville et d'Esquemauville, sont francs en*

« ladite ville, tant de vendre que d'acheter, pour
« leur user seulement.

« Nul n'est franc, en ladite ville, excepté le roy
« et son fils aîné; la royne et ses enfants. Et
« aucunes autres gens du roy qui vendraient par
« commission pour prendre cargaisons et ordres
« pour le roy et la royne, pour le besoin de la terre
« et du pays, et aucunes autres qui le portent par
« lettres de don de monsieur ou de ses ancesseurs,
« comme l'abbé du Bec-Hellouin, l'abbé de Fécamp,
« l'abbesse de Monstiervillers, pour sa table, le
« prieur de Beaumont-en-Auge, et chacun d'eulx
« qui en seront francs selon la teneur de leurs let-
« tres, les écoliers de l'Université de Paris, allant
« aux écoles.

« Les Espagnols qui demeurent en ladite ville,
« sont francs de toutes coutumes tant qu'ils leur
« plaira demeurer à Honnefleu. Et aussi audit
« seigneur ou ayant cause de lui, par lettres de
« don de monseigneur Robert Bertrand (1).

Nous trouvons également, dans le coutumier
de Honfleur, les dispositions suivantes :

« Un homme doit au port de Honfleur deux

---

(1) *Archives de Honfleur.* — Cette coutume, qui a été extraite d'un ancien chartrier, a été copiée par Le Barbier et Doublet, tabellions royaux à Pont-l'Évêque (22 juillet 1527).

« deniers tournois; et si la femme porte enfant,
« qu'elle allaite, l'enfant ne doit rien.

« S'il y a homme qui ait cheval qui soit sien,
« lui et son cheval sont quittes pour deux deniers;
« s'il mène plus d'un cheval, doit deux deniers
« tournois de chacun.

« Si un homme mène un bœuf ou une vache, lui,
« sa vache et son bœuf sont quittes pour un de-
« nier; et s'il mène plusieurs vaches ou bœufs, cha-
« cune bête doit un denier.

« Si un homme mène une brebis, lui et sa bre-
« bis sont quittes pour mailles; s'il en mène plu-
« sieurs, chacune doit maille. »

Mais laissons-là les droits et les coutumes Honfleuraises pendant le Moyen-Age, et reprenons la suite de notre histoire locale. La trompette guerrière retentit encore : 1417 n'est pas loin. Voici l'Anglais qui revient de nouveau. Il ne respire que désastres. Il n'aspire qu'à trôner dans notre belle province de Normandie.

CHAPITRE VI.

XVe SIÈCLE.

C'est à la famille de La Roche-Guyon qu'appartient la seigneurie de Honfleur. Ses armes sont : *bandé d'or et d'azur à la bordure de gueules.*

Guy V vit encore. A Renaud de Trie, ont succédé, comme gouverneurs de Honfleur, Pierre de Bréhan et Jacques de Chastillon.

Malgré la trêve conclue entre la France et l'Angleterre, plusieurs engagements ont lieu entre les forces navales des deux nations : la rencontre se fait sur les côtes de Bretagne (1440). Les marins de Honfleur remportent une victoire complète sur la flotille anglaise, en face même de Plymouth.

A la mort de Guy V, son fils lui succéda. Guy VI (car c'était son nom), reconnait Charles VI de France comme son roi légitime. Et lorsque, en 1415, le roi d'Angleterre, Henri V, sera débarqué à l'embouchure de la Seine avec 1,500 bâtiments, 17,000 hommes et une artillerie formidable pour ce temps, le seigneur Honfleurais n'hésitera pas à prendre parti contre lui. Mais voilà que le monarque de la Grande-Bretagne a mis le siége devant Harfleur : voilà qu'il s'est retiré, vers le nord, dans les provinces de la Picardie. Guy VI l'y a suivi. La bataille s'engage dans les plaines d'Azincourt, près de Saint-Pol. Ce fut pour la France une bien triste journée : la jeune noblesse française eut le même sort qu'à Crécy et à Poitiers. Elle périt presque toute entière sous les flèches, les haches et les massues plombées des Anglais. Au nombre des morts on put compter le sire de La Roche-Guyon, seigneur de Honfleur, Guy VI.

Cette fois, Honfleur avait été épargné. Heureusement il ne s'était pas trouvé sur le chemin du vainqueur.

Mais deux ans après, le 1er août 1417, le vainqueur d'Azincourt débarqua de nouveau sur la rive droite de la Seine et à l'embouchure de la Touques. Il mit d'abord le siége devant le château de Bonneville-sur-Touques. Cette forteresse ne pouvait opposer à ses envahisseurs qu'une faible garnison de 500 hommes. Aussi dut-elle capituler. Mais là ne s'arrêtèrent pas les déprédations du roi d'Angleterre : il s'empara du château-fort d'Auvillars, à trois lieues de Pont-l'Evêque; puis il se porta sur Lisieux. Hommes, femmes et enfants, s'enfuirent à son approche. Il ne resta dans la ville qu'une femme et un veillard qui n'avaient pu suivre les fugitifs. De là, il porta ses pas vainqueurs vers Caen. Les habitants de cette cité se défendirent avec courage! mais enfin il fallut céder à la force! il fallut se rendre!

Cependant le tour de Honfleur n'était pas encore venu. Notre ville pouvait compter une à une ses voisines qui tombaient sous le joug de l'Angleterre. Elle ne doutait pas qu'elle serait assiégée comme les autres; elle attendait l'ennemi avec une mâle fermeté.

L'ennemi vint en effet! c'était le 4 février 1418. A sa tête marchait le comte de Salisbury.

Honneur aux quatre cents hommes qui défendirent la ville ! leur bravoure était digne d'un meilleur sort. Pendant trente-six jours on put les voir résister courageusement. Ils savaient que pour la plupart la mort les attendait. Mais ils voulaient faire payer bien cher leur vie.

Le jour arriva où il fallut capituler.

L'Anglais ne fut pas plus tôt maître de notre ville, qu'il passa une partie des habitants au fil de l'épée, et qu'il retint prisonniers ceux qui pouvaient payer une rançon.

Pendant que les Anglais s'emparaient de notre ville, ils portaient aux alentours la désolation et la mort. Les habitants s'enfuirent d'abord devant eux. Mais un jour, voyant une garnison d'Anglais réunie dans un vallon de la commune de Fatouville, ils se jetèrent sur eux avec un courage héroïque et les taillèrent en pièces. A peine s'en échappa-t-il un seul qui pût porter, aux assiégeants de Honfleur, la nouvelle de leur déroute.

Guy VI, que nous avons vu verser son sang dans les plaines d'Azincourt, ne laissait qu'un fils en bas âge. Son épouse, PERRETTE DE LA

Rivière, jouit des biens de son mari pendant la minorité du jeune seigneur.

Mais quand les Anglais se furent emparés de Honfleur, leur roi exigea de Perrette de La Rivière, qu'elle lui prêtât serment de fidélité. La femme de Guy VI ne pouvait y consentir. Son mari n'était-il pas mort pour la cause de la France? elle refusa donc.

Alors Henri V confisqua ses domaines. Et la ville de Honfleur releva de sa puissance, et même elle devint comme son pied-à-terre quand il voulait passer en Normandie.

Aux amiraux français de Lesmée et Robert de Braquemont, succédèrent des gouverneurs anglais. Ce furent :

Guillaume Aliington, lieutenant (1421);

Guillaume de la Pole-Suffolk;

Édouard de Courtenay;

Le général Talbot.

Cependant le ciel combattait pour la France! Une jeune vierge du petit village de Domrémy fut choisie pour délivrer sa patrie. Un jour, elle vint heurter à la porte de celui que le Très-Haut lui avait désigné pour son roi : c'est-à-dire à la porte de Charles VII : « Ouvrez, sire, dit-elle en demandant des armes. Ouvrez, c'est la fortune de la France. »

A peine eut-elle paru sur les champs de bataille, que la fortune s'en alla déserter l'étendard Anglais pour s'attacher à notre drapeau. Et quand nos soldats voyaient cette jeune fille inspirée agitant sa bannière, et conduisant à la victoire aux cris de Jésus! Marie! ils croyaient voir la Vierge elle-même.

Ce fut le commencement de notre délivrance. Déjà de toutes parts on se soulevait en Normandie contre les Anglais. En 1434, le maréchal de Rieux remit Harfleur sous l'obéissance du roi de France. Henri d'Angleterre voulut reconquérir cette ville. Jean Hanneford fut envoyé à cette occasion avec une partie de la garnison de Caen. Cette troupe passa par Honfleur (1440). Et, l'année suivante, les habitants de notre ville tentèrent de secouer le joug étranger; mais ce complot fut découvert. En même temps, une armée anglaise débarquait à Honfleur. Elle avait pour ordre de repousser les Français, qui se sentaient forts contre leurs vieux ennemis et qui tâchaient de reprendre la Normandie.

Henri VI occupait alors le trône d'Angleterre. Il venait parfois habiter notre ville. Beaucoup de ses courtisans l'accompagnaient.

Enfin, vers le mois d'octobre 1449, Rouen était rendu à la France, Rouen, cette ville qui, dix-sept ans auparavant, avait été témoin du martyre de l'envoyée du ciel, de la jeune vierge de Vaucouleurs ! Charles VII ne tarda pas à faire son entrée dans cette cité. Le duc de Sommerset stipula pour sa rançon 56,000 écus d'or, et la remise de Honfleur entre les mains du roi.

Malgré cette capitulation et cette cession de notre ville entre les mains du roi de France, les Anglais retenaient toujours Honfleur. Il leur eut coûté de s'en éloigner. De sorte que la bannière d'Angleterre, abattue et foulée aux pieds, avait déjà cessé de flotter sur presque toutes les villes de notre belle Normandie, qu'elle déployait encore ses couleurs abhorrées sur nos vieux remparts.

Cette déloyauté anglaise appela sur notre cité le fléau d'un nouveau siége.

Harfleur venait d'être délivré du joug de l'ennemi. Et pendant que Charles VII allait visiter l'abbaye de Jumiéges et celle de Grestain, le comte de Dunois recevait l'ordre de reconquérir Honfleur. Les Français combattirent avec héroïsme. Les habitants de la localité appelaient de tous leurs vœux le succès de nos troupes. Leur désir fut réalisé. Honfleur ouvrit ses portes au comte de Dunois le 18 février 1450. Le vainqueur fut plus généreux que les Anglais ne l'avaient été en pareille occasion. Il n'ôta la vie à qui que ce fût des ennemis. Et bientôt, à la joie des habitants, l'étendard français, glorieusement relevé, flotta de nouveau sur les tours et sur les fortifications mutilées de Honfleur.

Charles VII ne put faire son entrée dans la ville reconquise. Sa maîtresse, Agnès Sorel, la *belle entre les belles,* comme on l'appelait, venait de mourir à Jumiéges.

Puis eut lieu la célèbre bataille de Formigny. Le sang des Anglais fut versé à grands flots : la Normandie était à la France !

Nous ne voulons pas terminer cette lutte de nos braves Honfleurais pour se débarrasser du joug de l'Angleterre, sans payer un tribut de reconnaissance et d'hommage à la mémoire de tous ceux qui versèrent leur sang pour une si noble cause. Et de ceux encore qui survécurent après avoir vaillamment servi la cause de leur pays, la cause de la France.

Il y avait trente-deux ans que notre ville était soumise à la domination anglaise.

A peine Charles VII fut-il en possession de la Normandie et conséquemment de notre cité qu'il rendit la seigneurie de Honfleur au sire de La Roche-Guyon, GUY VII. Ce prince était à l'abbaye de Grestain, quand il expédia au fils de Perrette de La Rivière des lettres patentes par lesquelles il lui remettait la propriété de notre ville.

En même temps, il nommait un gouverneur. L'Anglais Talbot dut céder son titre au Français Robert de Floque. Ce dernier fut gouverneur de Honfleur pendant onze ans.

Par suite de la guerre, la Normandie avait été ravagée. Les fortifications de ses villes avaient été détruites en grande partie. Le roi de France s'occupa de les faire réparer. Il confia ce soin à Arthur de Bretagne, connétable de France (1452).

Cependant, quatre années après cet ordre de Charles VII, les fortifications de Honfleur n'étaient pas encore sorties de leurs ruines : l'argent manquait pour ce travail. C'est pourquoi le roi de France accorda à la ville de Honfleur les droits d'*aide*. Il statua que ces droits d'*aide* s'étendraient à l'avenir sur toutes les denrées alimentaires qui entreraient dans la ville.

Le jour des réprésailles était venu pour nous.

Parmi la noblesse de notre pays, on pouvait compter bon nombre de chevaliers qui avaient des vengeances personnelles à exercer contre les Anglais. Ceux-ci prièrent vivement Charles VII de profiter des querelles de la *Rose rouge* et de la *Rose blanche* pour faire payer à cette nation tous les maux qu'elle avait fait subir à la Normandie. Le roi de France se refusa à toute opération directe ; mais il leur permit de tenter une entreprise particulière. Les Normands ne demandaient que cette autorisation de leur prince. A peine l'eurent-ils reçue, qu'ils se mirent en mesure de faire une descente en Angleterre. Quatre mille Normands se réunirent à Honfleur : c'étaient des nobles pour la plupart. Ils avaient pour commandant, le sénéchal de Normandie, Louis de Brezé. Le gouverneur de Honfleur, Robert de Floque, faisait partie de l'expédition. Le jeudi 25 août 1457, toute cette noblesse normande fit voile pour l'Angleterre. Il lui tardait de rencontrer l'ennemi! il lui tardait de le tailler en pièces! Ce ne fut que le dimanche 28 que cette flotte aborda sur les côtes de l'Angleterre, à deux lieues de Sandwich, dans le comté de Kent. Vite nos Normands sont sous les murs de la ville. L'Anglais veut résister : vains efforts! la ville est prise d'assaut. Trois cents ennemis restèrent sur le champ de bataille. Trente Normands seulement étaient morts. Sandwich fut livré au pillage et à l'incendie. Les vainqueurs rentrèrent à Honfleur dans les premiers jours de septembre. On les accueillit avec cet enthousiasme que méritait si bien leur vaillante expédition. Ils traînaient à leur suite un butin considérable et un grand nombre de prisonniers.

Deux ans après (1459) mourait le seigneur de Honfleur, Guy VII. Il ne laissait qu'une fille, dont le nom était Marie. Celle-ci avait épousé Michel, seigneur d'Estouteville et de Valmont.

Michel d'Estouteville était depuis longtemps connu pour sa bravoure. Il avait servi le roi Charles VII dans sa guerre contre les Anglais. Et en 1450, quand se livrèrent les siéges de Caen, de Falaise et de Cherbourg, siéges restés célèbres dans les annales de notre Normandie, Michel d'Estouteville était là. Il combattait au premier rang, prêt à verser son sang pour la cause de la France! Et quand la Normandie fut arrachée d'entre les mains rapaces de l'Angleterre, ce seigneur, toujours fidèle à Charles VII, lui rendit un aveu de ses terres situées en Haute-Normandie, et de celles dont il avait hérité du droit de son épouse, notamment de Honfleur.

Michel d'Estouteville était donc bien digne de devenir seigneur de Honfleur. Aussi, à la mort de Guy VII, sire de La Roche-Guyon, hérita-t-il, à titre de seigneur, de notre cité (1459).

Il y avait deux ans qu'il jouissait de ce privilége, quand mourut Robert de Floque, gouverneur de Honfleur. On lui donna pour remplaçant : Jean, sire de Montauban.

Cette même année (1461), Charles VII descendait au tombeau. Son fils, le trop fameux Louis XI, hérita de sa couronne.

À peine ce prince, si connu pour sa déloyauté, avait-il monté les marches du trône royal de France, qu'il vit se former contre lui une ligue armée de ses grands vassaux. La conséquence de cette révolte ne fut autre que cette guerre qui a retenu le nom si impropre du *Bien-public.*

La Normandie trempa dans cette ligue. Elle voulait redevenir indépendante : aussi embrassa-t-elle le parti des princes. La ville de Honfleur imita l'exemple de ses voisines. Celle-là même qui avait combattu si vaillamment pour le roi de France, son prince, tentait alors de se retirer de sous son obéissance. Elle ouvrit donc volontairement ses portes à Odet Daydie, sire de Lescun, qui représentait celui que les Normands voulaient se donner pour duc, nous voulons dire : le duc de Berry, frère du roi. L'issue de la bataille de Montlhéry sembla d'abord justifier le choix des vieilles cités Normandes. En effet, en vertu des traités de Conflans et de Saint-Maur, qui mirent fin à cette ligue, Louis XI donnait l'investiture au jeune duc de Berry. Mais le fils de Charles VII ne connaissait pas la franchise. Sans tenir compte des clauses de ces deux traités, il se dirigea en toute hâte vers la Normandie à la tête d'une nombreuse armée. Rouen le voit d'abord! cette ville avait reçu dans ses murs le duc de Berry. Force fut à ce nouveau duc de quitter bien vite cette métropole de la Normandie, où Louis XI allait faire son entrée. Il s'enfuit promptement à Honfleur, et de là il se retira dans la Bretagne.

Louis XI quitte Rouen et s'avance vers notre cité. Ce prince qui avait fait tomber tant de têtes innocentes, se montra généreux pour les habitants de notre ville. Il épargna tous les coupables; il ne fit périr personne, et même il pourvut à ce que les fortifications de la ville pussent être continuées. En effet, depuis le jour où le brave Dunois avait chassé les Anglais de nos murs, les fortifications n'avaient pas été complétement réparées : l'argent manquait toujours. Louis XI prit en considération la misère et la pénurie des Honfleurais, qu'il appelait ses meilleurs amis. Il détourna à leur profit une partie des deniers qui avaient été concédés à la ville de Pont-Audemer pour de semblables réparations. Dès lors, les travaux purent être poursuivis avec activité.

L'année suivante, la guerre recommence en

Normandie. Le duc de Berry regrettait son duché. Avec l'aide du duc de Bretagne, il s'empara d'Avranches, de Bayeux et enfin de Honfleur. Louis XI tenait à posséder notre ville. Dans la crainte de la perdre, il lui délivre une charte d'affranchissement par laquelle il statue que les habitants de Honfleur seraient à l'avenir exempts des *tailles* qui pesaient alors sur tout le pays de la Normandie. Et en vertu du traité d'Ancenis (10 septembre 1468), le roi de France rentrait en possession de Honfleur.

Pendant ce temps, Louis XI entretenait, toujours par politique, des relations d'amitié avec le nouveau roi d'Angleterre, Edouard IV; mais ces relations furent de bien courte durée. Le comte de Warwick, d'abord attaché à Edouard IV, eut bientôt avec lui un mécontentement. Il le quitte donc, et, avec une petite flotte, il attaque quelques navires appartenant à des marchands flamands. Il les pille et il ramène une partie de son butin dans le port de Honfleur. Mais Louis XI accueillera-t-il l'ennemi du roi d'Angleterre? Sa politique l'y engage, et pour Louis XI, la politique passe avant tout, même avant les devoirs les plus sacrés. Voilà pourquoi le gouverneur honfleurais reçoit l'ordre de recevoir Warwick comme un ami et comme un allié. Edouard concentra son dépit : il mit à une autre occurrence le soin de se venger.

Sur ces entrefaites, Michel d'Estouteville était mort (1468). Son aîné fils, Jacques d'Estouteville, devint alors seigneur de Honfleur.

Deux ans après, Louis de Bourbon succédait, comme gouverneur de la ville, à Jean, sire de Montauban.

En 1473, Louis XI, rongé par les remords de sa conscience, était allé prier la Vierge dans le sanctuaire de Notre-Dame-de-la-Délivrande. Au retour de ce pélerinage, il passa par Honfleur. Fut-il s'agenouiller dans la chapelle de Notre-Dame-de-Grâce? Les historiens sont presque tous pour l'affirmative.

Edouard d'Angleterre était désireux de se venger. Depuis cinq années, il préparait tout pour une grande expédition contre la France. En 1475, Charles-le-Téméraire, ennemi juré de Louis XI, est venu à sa cour. Il l'exhorte; il le presse; il le sollicite de marcher contre le fils de Charles VII. Edouard cède à ses instigations. Il fait savoir à Louis XI que le royaume de France lui appartient, et qu'il le réclame pour délivrer les nobles et le peuple du joug odieux que ce prince faisait peser sur eux.

Louis XI s'attendait à cette guerre depuis longtemps. Plus de quatre mois auparavant, il avait ordonné l'armement de tout son *grand navire de Normandie*, en prévision de la réalisation des tentatives de guerre que les Anglais méditaient contre lui. Il commanda à tous les nobles du bailliage de Caen d'aller s'embarquer à Honfleur. Bientôt une flotte nombreuse fut réunie dans notre port. Entre tous les navires dont elle était composée, on distinguait la *Siméonne*. Plusieurs cités voisines furent appelées à prendre part à cette expédition. Louviers dut fournir 150 livres, et Pont-Audemer 200. Le 6 juin suivant, Louis XI était à Honfleur. Il visita avec grand soin les fortifications de la ville; il s'assura par lui-même que la place était en bon état de défense; il pressa le départ de la *Siméonne*, quitta Honfleur et de là se rendit à Amiens.

La *Siméonne* et les autres navires rassemblés à Honfleur pour le même objet, appareillèrent aussitôt après le départ du roi. Cette flotte partit de notre port et fit des prodiges de valeur. Elle rencontra les navires flamands et anglais; elle les attaqua courageusement : la victoire fut pour elle. Cette flotte revint à Honfleur chargée de butin. La paix fut bientôt conclue. Louis XI s'engagea à donner au roi d'Angleterre quelque argent comptant : mais en revanche il fit promettre à Édouard IV qu'il donnerait sa fille en mariage au dauphin (quand ils en auraient l'âge).

En 1477, Louis XI imposa la ville et les faubourgs de Honfleur, y compris la rue Haute, pour 800 livres. Cet argent devait avoir pour destination l'avitaillement des navires destinés au passage du roi de Castille, de Léon et de Portugal.

L'année suivante, il imposa de nouveau la ville à 500 livres. Il demandait cet argent à *ses bons amis les Honfleurais* pour satisfaire à de grandes promesses qu'il avait faites autrefois.

Cependant le redoutable ennemi de Louis XI, Charles-le-Téméraire, avait mordu la poussière sous les murs de Nancy : c'était une bonne aubaine pour le roi de France, que la mort de cet orgueilleux duc de Bourgogne. Mais voilà que la fille du Téméraire, Marie de Bourgogne, équipe promptement des armées navales. Louis XI fait rassembler une flotte dans le port de Honfleur : il lui donne pour commandant Thomas de Casanova, surnommé Coulon.

L'expédition fut brillante. Le vice-amiral Coulon rencontra la flotte ennemie en vue des côtes de Hollande. Il s'empara d'un grand nombre de navires. Il les ramena dans le port de Honfleur. L'âme enflée d'orgueil par ce premier succès, Coulon repartit encore de notre port et fit voile vers les côtes de la Hollande et de la Zélande. Toujours il fut victorieux, de sorte que ses succès furent regardés comme désastreux pour les contrées qu'il avait visitées en vainqueur.

En 1483, Louis XI mourait au milieu de ses craintes et de ses angoisses. Trois années plus tard, le gouverneur de Honfleur, Louis de Bourbon, le suivait dans la tombe. Les dignités de cet amiral furent extrêmement briguées par les plus grands seigneurs. Ce qui nous prouve qu'alors les marins de Honfleur se livraient à l'art de la navigation avec distinction et célébrité. A l'amiral de Bourbon, succéda comme gouverneur de Honfleur, Louis Mallet, sire de Graville.

Louis Mallet venait à peine d'être investi de cette dignité, quand le successeur de Louis XI, le jeune Charles VIII, traversa la Normandie et s'arrêta quelques jours à Honfleur (1487). Notre ville fut flattée d'un pareil honneur. Cette visite du roi de France la relevait aux yeux des cités voisines. Mais elle dut payer en beaux deniers comptants le plaisir qu'elle en ressentit.

En 1489, mourait Jacques d'Estouteville, seigneur de Honfleur. Il avait assisté, en 1484 et en 1485, aux séances de l'Échiquier de Normandie. On dit qu'il jouissait de 2,000 livres de pension sur la recette générale de cette province. Son fils, JEAN III D'ESTOUTEVILLE, n'était encore âgé que de sept ans ; ce fut lui qui hérita de la seigneurie de Honfleur.

L'année suivante, 1490, Charles VIII, par des lettres patentes du 3 mai, imposait notre ville à 169 livres de contributions.

Ce ne fut pas seulement le monarque assis sur le trône de France qui vint alors visiter Honfleur. Celui qui devait bientôt placer sur sa tête la couronne de Charles VIII, celui qui devait

être surnommé à si bon droit le père du peuple, le duc d'Orléans en un mot, fit le 29 mars 1491 une entrée dans Honfleur. Et si le lecteur nous demande ce que nous entendons par une entrée, nous lui dirons avec Labutte : « Une entrée
« était un spectacle solennel que le roi et les
« princes ne donnaient pas à toutes les cités
« qu'ils traversaient; les *bonnes villes* avaient
« presque seules le privilége de ces représenta-
« tions fastueuses, dont elles se montraient très-
« flattées, et dont pourtant elles fesaient les
« frais. A cette époque, où la monarchie était
« dans toute sa sève, où toutes les puissances
« sociales se personnifiaient dans l'*homme-roi*,
« un prince du sang était un demi-dieu, et la
« ville qu'il honorait de préférence d'*une entrée*,
« devenait un objet d'envie pour les villes voi-
« sines du même ordre. » Mais cette fois encore, Honfleur dut payer, toujours en beaux deniers comptants, le plaisir que lui procura la visite du duc d'Orléans.

En 1494, de nouvelles lettres patentes furent envoyées à Honfleur par Charles VIII. Ce prince désirait conquérir le royaume de Naples. L'entreprise était difficile. D'ailleurs il préparait tout comme pour une expédition formidable. Il fit donc lever l'impôt de guerre. Honfleur dut remettre 1,500 livres entre les mains du roi.

L'année 1498 vit mourir le dernier de la branche directe des Valois, le roi Charles VIII. Elle vit mourir aussi le gouverneur de Honfleur, Louis Mallet.

Quelques mots encore sur le XVe siècle.

Pendant ce siècle, on travailla à quelques-unes de nos églises. Nous avons dit en parlant du XIIe siècle que, très-probablement, plusieurs monuments religieux existaient déjà.

Mais les Anglais conduits par Salisbury dévastèrent nos églises. C'était lors de la conquête de la Normandie par nos ennemis d'Outre-Manche (1417). Cependant cet état de choses ne pouvait durer longtemps. Comment nos pères, que la tradition nous dit avoir été si pieux, auraient-ils pu se passer d'édifices sacrés dans lesquels il leur fut donné d'adresser au Seigneur les prières de leur âme? Des églises qui étaient tombées, deux au moins furent relevées de leurs ruines : ce furent Sainte-Catherine et Saint-Léonard.

Sainte-Catherine fut construite tout en bois.

Cette église, au rapport de la tradition, en a remplacé une située plus au nord de la ville et en avant du port actuel. En effet, la rue Haute délimitait autrefois le haut de la ville, et maintenant elle est la rue la plus basse. C'est donc que la population a dû, à cause des envahissements toujours croissants de la mer, quitter la position qu'elle occupait d'abord, et se reporter vers l'intérieur des terres, là où elle est maintenant. L'église Sainte-Catherine était un vaste édifice dont, à l'intérieur, les entre-colonnements avaient quelques détails assez bizarres et dont, à l'extérieur, les vitraux peints annonçaient que c'était quelque chose comme une église.

Saint-Léonard fut construite en pierre : le portail existe encore. Le reste a été détruit aux jours du vandalisme protestant, comme nous le dirons plus loin. Ce portail conserve encore quelque reste de son ancienne splendeur. Il s'élève avec hardiesse et majesté comme pour cacher derrière son vaste manteau de pierre, les plates nudités de l'édifice moderne.

Nous avons vu, au commencement de ce siècle, Honfleur attaqué par l'Anglais. Nous avons vu Honfleur résistant courageusement, héroïquement, et ne se rendant à l'ennemi qu'après avoir vaillamment combattu. Cette première période du xve siècle a été pour notre ville comme une période de deuil. L'étendard Britannique flottant sur les murs de Honfleur, ne ressemblait-il pas à ce crêpe noir, signe de la mort?

Mais des jours de triomphe ont succédé aux jours de deuil. L'Anglais a été terrassé. Les Honfleurais, redevus Français, sont allés jusqu'en Angleterre pour se venger de ceux qui les avaient opprimés. Ce ne fut alors que succès pour la ville de Honfleur. Ne vit-elle pas ses enfants cueillir les palmes de la victoire sous les murs de Sandwich? ne vit-elle pas le vice-amiral Coulon se couvrir de gloire sur les côtes de la Hollande? ne fut-elle pas choisie par nos princes pour le lieu où l'on rassemblait les navires qui devaient porter au loin le nom de la France et le faire respecter? ne vit-elle pas plusieurs fois ses rois et ses princes venir lui faire visite avec un pompeux appareil, et, par suite, la distinguer parmi les cités Normandes, ses voisines, qui lui enviaient cet honneur?

CHAPITRE VII.

XVIe SIÈCLE.

Jean III d'Estouteville est seigneur de notre cité ; René de Clermont, baron de Grammont, en est le gouverneur. Celui-ci a succédé, en 1499, à Louis Mallet, sire de Graville.

La navigation à Honfleur est dans un état de prospérité et de gloire.

Nous sommes arrivés au temps des découvertes, et Honfleur ne restera pas étranger à ce mouvement qu'un Génois, au vaste et profond génie, vient d'imprimer dans l'esprit des plus hardis marins de son époque.

Ce Génois, c'était Christophe Colomb. Il avait joué un grand rôle à la fin du XVe siècle. A force de recherches, il avait comme acquis la certitude que la terre était ronde et que par delà le monde connu de son temps, il devait y avoir un autre monde.

Après avoir sollicité, auprès des grands princes de l'Europe, la permission de tenter l'entreprise qu'il méditait depuis si longtemps, il fut enfin accueilli auprès du prince espagnol, Ferdinand-le-Catholique, et de son épouse, la célèbre Isabelle. Un jour donc, il partit avec un certain nombre de matelots que lui avait concédé le roi d'Espagne. La traversée durait déjà depuis longtemps. Les matelots, las de voguer sur un Océan inconnu, perdaient tout espoir d'arriver à cette terre que leur promettait Colomb. Ils fatiguaient donc le chef de l'entreprise de leurs plaintes et de leurs reproches. Et Colomb répondait toujours à ces reproches en montrant du doigt l'horizon, où son génie apercevait un monde avant que ses yeux ne l'eussent pu voir. On marchait toujours. Des astres nouveaux étonnaient les navigateurs, et l'immensité seule apparaissait devant eux. Il y eut alors une terrible révolte. L'équipage menaça son chef de le jeter à la mer. Colomb demanda seulement trois jours pour tenir ses promesses, après quoi ils pourraient faire de lui ce que bon leur semblerait. Le soir du troisième jour, lorsque la révolte allait recommencer, on entendit crier : Terre! terre! Un rivage paraissait à l'horizon. Un nouveau monde était découvert.

D'autres navigateurs conçurent, après l'illustre Génois, l'ambition des découvertes.

Parmi ces navigateurs, la ville de Honfleur put en compter deux qui étaient ses enfants : c'étaient Binot-Paulmier et Jean Denis.

Le Paulmier, appelé aussi Binot-Paulmier et quelquefois Gonneville, appartenait à la famille noble des Le Paulmier; il était originaire de Gonneville-sur-Honfleur. Ce hardi marin partit de notre port au mois de juin 1503. Il voulait voyager vers les Indes. Tous ceux qui l'accompagnaient étaient Normands. L'équipage arriva assez heureusement au cap de Bonne-Espérance, mais une furieuse tempête assaillit les marins normands. Cette tempête dura plusieurs jours. Binot-Paulmier perdit sa route. Et quand les vents se furent apaisés, et quand le ciel fut redevenu calme, le navigateur honfleurais se trouvait dans une mer inconnue. Le cœur de

Paulmier faillit un instant; mais bientôt il reprit courage. Il observa la direction constante des oiseaux vers le sud. Il suivit cet indice, et il aborda à une grande contrée.

Mais quelle était cette terre que découvrit le marin honfleurais?

Grande et difficile question!

Le journal de la navigation nous manque : on ne retrouve plus le journal du capitaine. Nous n'avons aucun détail du chargement que rapportait le navire, et pourtant ces détails seraient nécessaires pour nous faire connaître le pays découvert.

Plusieurs auteurs sont d'avis que cette terre où aborda Le Paulmier n'est autre que la Nouvelle-Hollande : cette opinion est celle de Masseville, de l'abbé Prévost, de Louis Dubois et de M. Labutte.

Monsieur Catherine ne partage pas ce sentiment. Pour lui, il dit savamment que cette contrée était le Brésil.

Nous cherchons dans cet auteur des preuves sérieuses de ce qu'il avance. Quand on dit d'un ton de docteur que telle chose existe de telle ou telle manière, il nous semble tout naturel que des preuves soient nécessaires à l'appui de la thèse que l'on prétend soutenir. M. Catherine n'apporte que des preuves gratuites.

Voici comment il s'y prend pour prouver son assertion.

Le Paulmier part de Honfleur, en 1503, et arrive au cap de Bonne-Espérance. Là, une grande tempête le pousse dans un Océan inconnu, et il aborde à une terre également inconnue. C'est là que M. Catherine dit que « s'il n'a pu franchir le cap de Bonne-Espérance, il a été poussé à la côte du Brésil. »

Voilà une première hypothèse : « s'il n'a pu franchir. » Mais cette hypothèse, pourquoi l'établir? sur quoi repose-t-elle? qui prouve que Paulmier n'ait pas doublé le cap de Bonne-Espérance? plusieurs historiens assurent le contraire. Il est vrai que, pour se débarrasser d'eux, M. Catherine dit hardiment « qu'ils sont sans aucune espèce de preuves matérielles. » C'est possible. Mais lui-même, M. Catherine, est-il plus heureux que ces historiens dont il réprouve le sentiment? s'ils n'ont pas de preuves matérielles, M. Catherine en a-t-il, lui? Son opinion formulée « s'il n'a pu franchir le cap » est évidemment très-hypothétique : les termes eux-mêmes en font foi. Dès lors ce sentiment n'est qu'un doute, une conjecture hasardée et sans fondement ; une conjecture qui ne peut pas entraîner la certitude.

Pendant que nous sommes sur ce chapitre de M. Catherine, voyons encore quel est son second point d'appui. Le Paulmier, dit cet auteur, donna le nom d'Inde méridionale à la terre où il aborda. Il est vrai, ajoute-t-il, que ce nom ne détermine pas la position du Brésil ; mais les descriptions de cette contrée que découvrit le Honfleurais, descriptions qu'on lit dans le récit de Masseville, reproduisent la physionomie du Brésil et s'appliquent aux mœurs des habitants de cette contrée.

A notre tour, nous croyons pouvoir affirmer que, de tout ce que raconte Masseville, il n'est pas un mot qui ne puisse être dit des îles de l'Océanie, n'importe lesquelles, et qui ne puisse peindre les mœurs des habitants de ces îles aussi bien que celles des autres terres Australes. Appliquer au Brésil ces descriptions, soit ! mais il faut que l'auteur ait une connaissance bien approfondie de cet empire de l'Amérique du sud, pour le reconnaître à ce trait que les hommes y portent des cheveux longs et que les femmes et les filles y sont tête nue.

Après ces preuves, M. Catherine est fier. Il semble se mirer dans son œuvre comme le cerf du père Lafontaine se mirait dans le cristal des eaux. Il se félicite d'avoir « relevé des erreurs que ne doivent approuver ni la science ni l'histoire. » Laissons son cœur palpiter de joie et ne croyons cependant pas avec lui que la terre où aborda Le Paulmier soit *certainement le Brésil.*

Quoiqu'il en soit de cette contrée que découvrit le navigateur honfleurais, il paraît à peu près acquis à l'histoire que nos marins y séjournèrent pendant six mois. Et avant de retourner vers leur pays natal, ils songèrent à en faire solennellement une prise de possession au nom de la mère patrie, au nom de la France ! A cet effet, on fit une croix de bois, haute de 35 pieds, et « *moult bien peinturée.* » Et le jour de Pâques on l'arbora sur un côteau élevé en présence des indigènes. Sur cette croix on grava ce distique :

Hic sacra Palmarius posuit Gonivilla-Binotus,
Grex socius pariter Neustraque progenies.

Voici ce que signifie ce distique composé par Lefebvre, l'un des principaux marins de l'expédition honfleuraise :

C'est Binot-Paulmier, originaire de Gonneville, qui a élevé, en ce lieu, ce monument : l'honneur de cette érection en revient encore à tous ceux qui l'accompagnaient, aux enfants de la Neustrie.

Ce fut le 3 juillet 1504 que nos navigateurs quittèrent cette contrée et firent voile vers Honfleur. Ils emportaient avec eux de nombreuses productions de ce pays qu'ils avaient découvert. Mais un corsaire anglais les rencontra à la vue des côtes de France. Ils les dépouilla de toutes leurs marchandises : il leur enleva tout ce qu'ils avaient de précieux sur leur navire. Il leur prit même le journal du voyage et tous les papiers du bord.

Telle fut la fin de cette expédition.

Il y avait un an que Binot-Paulmier était de retour, quand un autre Honfleurais, guidé par de vagues indications et n'écoutant que son amour pour les lointains voyages, partit, lui aussi, pour une expédition dans ces pays que le génie du Génois avait désignés : c'était le capitaine Jean Denis digne émule de Paulmier. Il aborda sur la côte de Terre-Neuve, au lieu que les Portugais appelèrent depuis Parahiba.

D'après ce que nous venons de dire, il résulte clairement que nos navigateurs devaient être, au commencement du XVIe siècle, les premiers marins de France.

Pendant que Le Paulmier et Jean Denis s'illustraient par ces expéditions lointaines, René de Clermont gouvernait notre ville. Mais voilà qu'Henri VIII d'Angleterre envoie dans la Manche son amiral, Edouard Howard, avec mission de ravager nos côtes. Prégent de Bidoux reçoit l'ordre de s'opposer à l'amiral anglais. Le gouverneur de Honfleur resta dans la ville avec une petite flotte. Prégent de Bidoux triompha de son ennemi. Edouard Howard et 200 Anglais furent tués et jetés dans la mer. Le vainqueur revint à Honfleur joindre René de Clermont.

Les Anglais méditaient toujours de se venger de cette nouvelle défaite. Dans ce but, leur roi, Henri VIII, envoya Thomas Howard, frère d'Edouard, porter sur nos côtes le ravage, l'incendie et la mort. René de Clermont et Bidoux se défendirent avec héroïsme. Et tandis que les ennemis incendiaient un de nos navires, les marins honfleurais faisaient sauter la poudrière de la Régente, navire que montait l'amiral anglais. Le triomphe de nos braves Honfleurais fut complet. Thomas Howard eut le sort de son frère : il fut englouti dans les flots.

Malgré ces brillantes expéditions des marins de notre ville, le port était dans un état fâcheux. Des bancs de sable et de galet, apportés par de violentes marées ou par les crues du fleuve, s'amoncelaient à son entrée. Et il fallait de grands efforts pour repousser ces vases et pour permettre aux navires d'entrer facilement.

Sur ces entrefaites, Louis XII faisait jeter les fondements d'une ville appelée à jouer un grand rôle dans le commerce de la France. Cette nouvelle cité devait s'élever tout près de Harfleur et à trois lieues de Honfleur. Son nom, c'était le Havre-de-Grâce.

La construction de cette ville allait être préjudiciable pour Honfleur. Notre port, avons-nous dit, était alors obstrué par les vases. Il fallait travailler à les faire disparaître ; mais il fallait des ouvriers pour faire exécuter ce travail. Les

Honfleurais en demandèrent au successeur de Louis XII, à François Ier. Mais comme les Honfleurais n'avaient demandé au roi que des secours d'hommes seulement, sur leur demande, leurs voisins de la vicomté de Pont-Audemer, furent contraints de leur venir en aide.

Au sire René de Clermont avait succédé l'amiral Bonnivet, comme gouverneur de Honfleur. Il devait être remplacé dans ce poste par Guyon Leroy, seigneur de Chillon et d'Orcher.

Guyon Leroy était gouverneur de notre ville quand mourut Jean III d'Estouteville (1520). C'était le dernier représentant de cette famille d'Estouteville dont les armes étaient : *facé d'argent et de gueules de dix pièces, au lion de sable, armé, lampassé, et accolé d'or, brochant sur le tout.*

Celui qui devait succéder à Jean III d'Estouteville comme seigneur de Honfleur, était FRANÇOIS DE BOURBON, comte de Saint-Pol, son gendre. Il avait eu l'honneur de prendre part à la bataille de Marignan, à ce combat des géants, comme on l'a appelé. Ses armes étaient : *de France au bâton de gueules, péri en bande.*

Cependant François Ier faisait avancer la fondation du Havre-de-Grâce. Pour subvenir aux frais que ces travaux occasionnaient, Honfleur fut imposé à 200 livres : c'était bien trop pour notre ville, alors occupée à déblayer son port. Le roi de France en fut averti, et de suite il accorda à la ville la perception de droits *d'aide ou d'octroi* sur toutes les marchandises vendues, importées ou exportées dans ses murs (1521).

A cette époque, un grand prince occupait le trône d'Allemagne : c'était Charles-Quint. Le roi de France lui fit la guerre. Le succès fut loin de couronner sa bravoure. François Ier perdit la trop célèbre bataille de Pavie (1525). Au nombre des combattants, on pouvait remarquer deux personnages célèbres dans les annales de notre ville. C'était d'abord Bonnivet, l'ancien gouverneur de Honfleur ; il resta sur le champ de bataille. Il s'était élancé au travers des piques ennemies en poussant ce cri de désespoir : « Non, je ne puis survivre à un tel désastre! » Le second personnage dont nous voulons parler, n'était autre que François de Bourbon, le mari d'Adrienne, fille de Jean III d'Estouteville, et le seigneur de Honfleur. Il eut le même sort que son roi : comme lui, il fut fait prisonnier.

François de Bourbon parvint à s'échapper des mains des vainqueurs de Pavie. Il revint en France. A son retour, on lui donna le commandement des troupes en Italie. Mais, dans une rencontre avec Antoine de Lewe, général des Impériaux, il fut fait de nouveau prisonnier. Il ne recouvra la liberté qu'à la paix de Cambray (1529).

Cependant François 1er se mettait en mesure de tenir tête à ses redoutables ennemis, les rois d'Allemagne et d'Angleterre. A cet effet, il institua, en l'année 1534, un corps de légionnaires. Chaque légion était composée de six mille hommes. Ce fut la Normandie qui eut l'honneur de former la première de ces légions. La ville de Honfleur fournit 25 hommes.

En 1538, les côtes de Normandie furent ravagées par un tremblement de terre. Le 1er septembre, un éboulement considérable eut lieu au cap de Grâce. La chapelle élevée sur ce cap fut emportée en entier. Seuls, un pan de muraille, un autel et une statue de la Sainte-Vierge, restèrent debout. Et la dévotion du peuple à ce lieu privilégié était telle que de nombreux pèlerins continuèrent pendant plus de soixante ans à venir prier auprès de ces débris. Cet éboulement est le premier dont on ait conservé la mémoire. Evidemment il y en avait eu d'autres antérieurement.

En 1540, de généreux citoyens jetaient les premiers fondements d'un édifice appelé à rendre de grands services à la classe indigente : nous voulons parler de notre hôpital. Il fut construit à l'extrémité de la rue Haute, au lieu dit *la Roque*. Parmi ses premiers fondateurs, figurèrent Guillaume Héroult, curé de Berneval, et Michaux Godefroy. Au sujet de la fondation de l'hôpital de Honfleur, on lit dans les archives de la ville : « Thomas Faubuisson, échevin en « chef de la ville, Jehan Lepillois et Thomas « Guéroult, greffier, élevèrent pour l'honneur de « Dieu, dévotion et pitié des pauvres, un hôpital « pour loger et héberger les pauvres et affli- « gés. »

A cette époque, les marins honfleurais continuaient toujours leurs lointaines expéditions. En 1544, une flottille appartenant à des armateurs de Caen, de Honfleur, du Havre et de

Dieppe, rencontra la flotte d'Espagne qui revenait d'Amérique. Elle l'attaqua vigoureusement, la battit, la pilla et fit un butin de deux cents mille écus.

François Ier avait ordonné des armements considérables au Havre et à Honfleur dans le but de s'opposer à l'empereur Charles-Quint. Mais par le traité du 8 septembre 1544, la paix fut conclue entre le roi de France et l'empereur d'Allemagne.

Restait encore Henri VIII d'Angleterre. François Ier donna ordre de faire équiper une flotte à Honfleur, à Dieppe, à Harfleur et au Havre-de-Grâce. Cette flotte se composait de « 150 gros vaisseaux ronds et de 60 vaisseaux plus légers. » Elle se composait encore de 25 galères. Cette escadre, commandée par l'amiral d'Annebault, se développait sur une lieue d'étendue, pendant qu'elle occupa le mouillage de la rade du Havre. La flotte anglaise n'était composée que de 60 navires; elle se tenait dans la rade de Portsmouth : c'était une excellente position défensive. L'amiral d'Annebault partit de la baie de la Seine au mois de juillet, et rencontra la flotte anglaise près de l'île de Wight. Les ennemis qui n'étaient point en force semblaient vouloir refuser le combat. Les marins normands ne pouvaient y consentir. Le combat commença donc. L'Anglais fut battu. Les vainqueurs firent une descente dans l'île de Wight, tandis que les ennemis favorisés par le vent, prenaient promptement la fuite.

Suivant une tradition, François Ier serait venu à Honfleur et aurait visité cette ville. Cependant cette tradition ne nous paraît reposer sur aucun fondement solide.

En 1545, mourait le seigneur de Honfleur, François de Bourbon. Depuis le jour où la paix de Cambray l'avait remis en liberté, il avait servi vaillamment dans la guerre contre le duc de Savoie, en 1536, et dans celle qui fut dirigée contre Charles-Quint, en 1543. Il ne laissa qu'une fille nommée Marie. Celle-ci, se maria trois fois, et, conséquemment, porta sur trois têtes différentes la seigneurie de Honfleur. Elle épousa d'abord Jean de Bourbon, comte de Soissons; puis François de Clève, duc de Nevers, et enfin Léonor de Longueville.

En 1547, la mort de François Ier donnait à son fils, Henri II, le trône de France. Celui-ci soutint aussi une guerre contre l'empereur Charles-Quint. Le récit de cette guerre ne fait pas partie de notre sujet.

En l'année 1555, une expédition fut résolue contre les flottes flamandes. Le commandement en fut donné à un marin de Honfleur; c'était Louis de Bures, sieur d'Espineville. Celui-ci partit de notre port et se rendit à Dieppe. Il réunit les navires honfleurais à ceux de cette dernière ville. Et malgré cette disposition, le nombre des bâtiments était encore bien restreint : on n'en comptait que seize. C'était une bien faible flotte à opposer aux forces de Charles-Quint. Ces seize navires partirent de Dieppe ; ils rencontrèrent bientôt la flotte hollandaise, qui revenait de l'Espagne. Ce combat livré à la vue de Douvres, fut long, opiniâtre et sanglant. L'ennemi était bien supérieur en nombre et en artillerie : il avait vingt-deux bâtiments, d'après M. Thomas, vingt-quatre d'après M. Catherine. Évidemment les Normands devaient succomber. Il n'en fut pas ainsi : ils combattirent avec un courage qui rappelait assez celui des grands héros de la Grèce antique. Aussi remportèrent-ils une complète victoire. D'Espineville, il est vrai, tomba frappé d'un coup

mortel. Mais quoi de plus glorieux qu'une si belle mort! n'est-il pas beau de mourir au champ d'honneur! N'oublions pas de citer le nom d'un second héros, de Domménil. Voici quelques lignes que Léon Guérin à consacrées à sa mémoire : « Blessé en plusieurs endroits, la jambe
« emportée par un boulet, couché en travers sur
« le pont, mais la tête et les bras hauts, comme
« le cœur, il combat et tire des coups de pisto-
« let aux huniers de l'ennemi ; des hunes on
« lui lance une grêle de pierres pour l'achever ;
« il combat encore et pare les pierres avec son
« bouclier ; la mort s'acharne de cent manières
« différentes sur ce vivant et saignant débris
« d'homme ; il combat toujours et la regarde en
« face. La mort, autour de lui, atteint, moissonne
« tout ; cent fois elle a cru le tenir, mais il la
« fatigue, et elle se retire enfin devant tant de
« résistance. »

La lutte était terminée ; la grande flotte des Pays-Bas était entièrement prise, lorsqu'une circonstance déplorable vint répandre la désolation et le deuil parmi la petite flottille victorieuse. Les bâtiments hollandais étaient chargés de richesses. Les vainqueurs se livrèrent trop avidement au pillage: plusieurs Normands qui avaient été assez lâches pour rester dans l'inaction pendant que les autres faisaient des prodiges de valeur, furent pour ainsi dire les premiers à enlever l'or que contenaient les navires ennemis. Ce fut comme une dispute corps à corps entre les vainqueurs. Un marin normand, les ayant entendu se quereller et se battre à l'intérieur d'une hourque, crut que c'était l'ennemi qui recommençait le combat. Il prit alors une fusée et la lança par une des fenêtres. Le feu prit aussitôt au navire. Les flammes se communiquèrent avec une rapidité effrayante : en un instant douze navires ne sont plus qu'un foyer d'incendie. Pendant ce temps, les ennemis prenaient promptement la fuite et se réfugiaient en Angleterre. Le combat avait duré huit heures. Les Normands perdirent 400 hommes. Les ennemis en avaient perdu 1,000. On ramena 300 prisonniers et cinq navires flamands à Dieppe. Le roi de France remercia nos braves marins de ce glorieux succès obtenu sur l'ennemi.

Des jours de deuil vont luire sur notre ville. Luther et Calvin ont prêché une religion nouvelle. La doctrine des réformés a déjà fait de rapides progrès dans l'Allemagne et surtout dans l'Angleterre. C'est comme un orage qui a grondé avec grand bruit. La France, grâce à ses monarques, François Ier et Henri II, semble en avoir été comme préservée. Mais l'esprit du mal souffle partout. Le royaume de saint Louis sera livré, lui aussi, à cette secte nouvelle.

Honfleur verra les protestants assiéger ses murs. Nous regrettons d'avoir à rendre compte de ces fureurs de Chaudet et de sa secte contre les catholiques de notre ville. Mais il le faut pour que l'histoire soit complète.

Les protestants de France avaient demandé à Catherine de Médicis, régente du royaume pendant la minorité de Charles IX, la permission d'exercer librement leur culte. Après quelque délai, la reine-mère accorda, en janvier 1562, ce que lui demandaient les anti-catholiques, à condition toutefois qu'ils ne chercheraient pas à faire de nouveaux prosélytes.

Mais le massacre de Vassy fut le signal d'une guerre furieuse, qui embrâsa toutes les parties de la France.

Honfleur, comme la plupart des villes normandes, n'avait point échappé aux envahissements de l'esprit nouveau. La réforme y avait fait de rapides progrès, surtout depuis le jour où l'édit de tolérance avait permis la prédication de la religion naissante.

Le massacre de Vassy fut pour les religionnaires de Honfleur ce qu'il avait été pour ceux des autres endroits de la France. Les protestants honfleurais méditaient donc de se venger des catholiques. Pendant plusieurs semaines ils mûrirent leur projet. D'ailleurs, ils étaient excités puissamment par Guillaume de Haute-Mer, sire de Fervaques.

Ce fut le dimanche, 26 avril 1562, que commença l'attaque. Il était six heures du matin. Le capitaine Helye Chaudet, seigneur de Saint-Nicol, s'empara de la ville. Il en chassa le gouverneur, qui s'appelait Becsard. Une partie de la bourgeoisie de Honfleur avait suivi les partisans de Chaudet.

A peine maîtres de la place, ces déplorables fanatiques, suivant en cela la pratique générale de leur parti, commencèrent à se ruer avec furie sur les églises. Ils pillèrent et saccagèrent Sainte-Catherine, Saint-Étienne et Notre-Dame ; ils tentèrent même de les démolir. Ils se portèrent ensuite sur l'église Saint-Léonard. Mais les habitants du faubourg avaient été avertis du dessein inique des protestants. Comme ils tenaient pour le parti royal et catholique, ils coururent promptement aux armes et se mirent en devoir de défendre leur église contre le seigneur de Saint-Nicol, et contre les soldats qu'il traînait à sa suite. Ces derniers, qui espéraient surprendre le faubourg, n'osèrent rien tenter dès qu'ils s'aperçurent que les habitants étaient sur leurs gardes. Les catholiques de Saint-Léonard continuaient à célébrer les saints mystères dans leur église, malgré la défense que leur avaient faite les assiégeants.

Cet ordre de chose dura pendant six ou sept semaines. Chaudet trépignait de dépit. Il se sentait trop faible pour pouvoir venir à bout de cette résistance opiniâtre que lui opposait le parti catholique, retranché dans l'église Saint-Léonard. Alors il demanda du renfort à ses frères, les protestants du Havre-de-Grâce et de Pont-Audemer. Les coréligionnaires accueillirent la demande de Chaudet. Le capitaine Basse-Fontaine vint du Havre à la tête d'une compagnie d'hommes. Ce fut alors que le seigneur de Saint-Nicol prépara son attaque. On était au mois de juin. Les habitants du faubourg, voyant ces renforts que venait de recevoir le protestant Chaudet, se retranchèrent de nouveau dans leur église, après avoir barricadé les rues adjacentes. Le seigneur de Saint-Nicol fit entourer le faubourg par ses soldats, le battit à coups de canon, puis tenta de pénétrer dans l'église. Mais les habitants résistaient courageusement. Et la lutte qui avait commencé au point du jour, se continuait encore à onze heures du matin sans que les assiégeants eussent réussi dans leur projet. Chaudet désespérait d'arriver à ses fins. Il eut recours alors à un moyen extrême : il fit mettre le feu à quatre ou cinq maisons du faubourg qui étaient situées le plus près de l'église. Bientôt les flammes et la fumée enveloppèrent l'édifice de toutes parts. Les assiégés voyant brûler leurs maisons et leurs meubles sans pouvoir arrêter l'incendie, furent saisis d'une grande frayeur. Ils quittèrent l'église et la tour. Ils se sauvèrent promptement, sortirent de la ville et se cachèrent dans les bois environnants. Saint-Léonard tomba de suite entre les mains des protestants. Ceux-ci entrèrent dans l'église et y commirent toutes sortes d'iniquités.

Le mois suivant vit arriver dans les murs de Honfleur, le duc d'Aumale. Il avait été instruit des déprédations que les protestants venaient de faire dernièrement dans cette ville. Il avait pour ordre de rétablir la cité honfleuraise sous l'obéissance de Charles IX.

Chaudet prévoyant que le duc d'Aumale allait mettre le siége devant la ville, fit porter en grande quantité de la poudre à canon dans la tour de l'église Saint-Léonard. Il y mit ensuite le feu. Les flammes s'élevèrent avec une rapidité effroyable. L'église, si l'on en excepte toutefois le portail, fut réduite en cendres. L'incendie se communiqua aux alentours de l'édifice sacré. Près de 300 maisons furent consumées par les flammes. Quelques personnes, que l'âge ou les infirmités empêchaient de prendre la fuite, périrent au milieu de ces brasiers ardents. Sur ces entrefaites, le duc d'Aumale à la tête d'une armée aguerrie, allait entrer dans la ville pour en chasser les protestants. Le seigneur de Saint-Nicol ne pouvait lui tenir tête. Mais il était satisfait. Une église catholique était en ruine! N'était-ce pas ce qu'il demandait? Cependant il eut peur du duc d'Aumale : il sortit précipitamment de la ville par une fausse porte qui avait accès du côté de la mer. Des bateaux stationnaient dans le port, prêts à recevoir les protestants fugitifs. En un clin d'œil Chaudet et ses vils satellites étaient montés dans ces barques et faisaient voile pour le Havre-de-Grâce. Pendant ce temps, le duc d'Aumale entrait dans Honfleur et rétablissait la ville sous l'entière dépendance de Charles IX. Il est à regretter que ce prince ait pillé la ville et les faubourgs. Six jours après son entrée dans la ville, le duc d'Aumale y plaça pour gouverneur Jean de Moy, sieur de Longe. Ce seigneur devait encore commander au pays d'alentour. Ceci se passait le 22 juillet 1562.

Cependant les finances royales se trouvaient alors dans le plus complet dénuement. Il fallait solder les armées, et on manquait d'argent. Catherine de Médicis eut recours à un moyen qu'avaient employé avant elle plusieurs rois de France. Elle imposa les villes. Honfleur dut payer mille livres. D'après l'édit de la reine, les rebelles devaient subir l'impôt de préférence aux catholiques.

Le 22 septembre de la même année, il arriva à Honfleur plusieurs navires des *Terres-Neuves*. Ces navires contenaient des pièces d'artillerie. Pont-Audemer en manquait alors. Cette ville fit des démarches pour en obtenir quelques-unes à titre de prêt. Les Honfleurais accueillirent cette demande avec bienveillance : ils prêtèrent à leurs voisins, les habitants de Pont-Audemer, plusieurs de ces pièces d'artillerie. S'il faut s'en rapporter à M. Catherine, Pont-Audemer reçut neuf passe-volants. M. Labutte ne porte ce prêt qu'à trois passe-volants seulement. Quoiqu'il en soit de cette diversité de sentiments, il paraît certain que ce ne fut qu'en l'année 1566 que ces pièces d'artillerie furent rendues à la ville de Honfleur.

L'année qui suivit le vandalisme de Chaudet, Marie de Bourbon, duchesse d'Estouteville, épousait en troisièmes noces Léonor d'Orléans, duc de Longueville. Cette même année, la fille de François de Bourbon voyait se terminer un long procès qu'elle soutenait au sujet des droits de pêche et de varech contre le duc de Montpensier. Les deux prétendants partagèrent ensemble le droit de pêche : l'un pouvait en jouir aussi bien que l'autre. Les armes de la princesse de Bourbon étaient : *écartelé, au 1 et 4, de Bourbon Saint-Pol, au 2 et 3 d'Estouteville.*

Les catholiques commençaient à peine à fortifier leur parti contre celui des protestants, quand survint une circonstance déplorable pour eux. Coligny venait d'être choisi pour général des religionnaires. Il s'était de suite dirigé vers la Normandie. Il avait soumis au parti des réformés les villes de Caen, de Bayeux, de Vire et d'Avranches. Honfleur devait partager le sort de ces cités. De Mouy, lieutenant de Coligny, fut député pour venir mettre le siége devant notre ville. Le capitaine Lyon, aidé des habitants, résista tant qu'il put aux tentatives des religionnaires ; mais il n'était pas assez fort pour chasser l'ennemi. Il lui fallut rendre la place au lieutenant de Coligny. Celui-ci, devenu maître de la ville, nomma pour gouverneur un protestant, le sieur de Sainte-Marie.

Ce disciple de Calvin fit exercer, pendant le carême, la religion protestante. Il est tout probable que les nouveaux sectaires se bâtirent un temple. Au rapport de la tradition, ce temple fut construit dans la rue Haute.

Il y avait deux mois que les protestants trônaient dans Honfleur, quand Charles IX envoya le sieur de Villiers Héméry avec mission de reprendre la ville. L'envoyé du roi arriva sous nos murs le 15 avril 1563. Il était suivi d'un grand nombre de soldats. Le sieur de Sainte-Marie dut rendre la place.

Ici se termine ce que les chroniqueurs appellent la première guerre religieuse.

Charles IX vint-il à Honfleur? On en doute. M. Catherine, avec ce ton magistral qui lui est propre, dit sans hésiter que ce prince est venu dans notre ville. Il va même plus loin, il fixe le jour où la cité fut favorisée de cet honneur : c'était, dit-il, le 23 août. Cependant cet auteur croit bon d'ajouter que le roi de France ne laissa « *aucune trace de son passage.* »

Le 10 octobre 1563, le roi de France demanda, par des lettres patentes, 120,000 livres à la Normandie pour entretenir des gens de guerre. Honfleur fut taxé pour sa part à 1,200 livres. Les habitants, accablés sous le poids des malheurs publics, réclamèrent avec énergie. Ne leur fallait-il pas reconstruire leurs faubourgs incendiés? La cour de France entendit leur supplique. Les Honfleurais furent déchargés pour cette fois, et les 1,200 livres furent reportées sur les autres villes.

La seconde et la troisième guerre de religion eurent lieu de l'an 1567 à l'an 1570. Notre ville n'en ressentit pas les secousses, Honfleur fut tranquille.

Le massacre de la Saint-Barthélemy jetait parmi les protestants une indicible terreur et un trouble mortel (1572). Cette fois encore, Honfleur fut en paix : du moins les archives de notre ville se taisent à ce sujet.

L'abbé Pleuvry, dans son *Histoire du Havre*, rapporte, à l'année 1574, le naufrage du bateau passager qui servait à la communication entre les deux rives de la Seine. L'année suivante, 1575, la ville reçut de Henri III la confirmation du privilége de l'exemption de *la taille*, privilége accordé par Louis XI, un siècle auparavant.

Alors un sentiment exagéré de patriotisme et de foi, donna naissance à une confédération célèbre. Cette confédération fut formée dans le but d'arracher le territoire et la religion de la France, à l'abandon du trône et aux envahissements de l'étranger. Elle est connue dans l'histoire sous le nom de *Sainte-Ligue*. Les membres de cette association s'engageaient à protéger la foi contre les ennemis du dedans et du dehors, sans en excepter le roi lui-même.

Un grand nombre de villes suivirent avec empressement cet exemple. Paris devint le centre commun des ligueurs. Honfleur fit-il partie de cette association? Tout porte à croire qu'il en fut ainsi. Et même l'histoire générale atteste que les habitants de notre ville se déclarèrent chaleureusement les partisans des Guises. Cependant, quelque ardent que fut le zèle des Honfleurais pour la Ligue, ce zèle se ralentit bien vite. Le dimanche 11 juin 1589, ils chassèrent de la ville le capitaine Gênes ou Geuffroy, gouverneur pour ce parti sous M. de Pierrecourt. Puis ils coururent porter les clefs de la ville au duc de Montpensier, qui campait devant Bergues (Touques) (1). Le duc se hâta de venir dans cette ville et il y fut reçu avec joie ; on était au 17 juin 1589. Le duc de Montpensier plaça pour gouverneur de la ville, le sieur Allard.

(1) D'après M. Catherine.

Le 2 août, le dernier des Valois tombait sous les coups d'un jacobin fanatique, qui le frappa d'une arme empoisonnée.

Le 20 août, M. de Villars, gouverneur du Havre pour la Ligue, venait à Honfleur avec une armée. Il débarqua près de l'hôpital à dix heures du soir. Il attaqua le fort détaché de *La Roque* et s'en empara. Le lendemain au matin, il occupa les faubourgs; il les pilla, puis il dirigea sa principale attaque contre la porte de Caen, qui était la partie la plus faible de la ville. Une brèche y fut bientôt faite. Et le capitaine Allard, reconnaissant qu'il ne pouvait résister, rendit la ville, à condition néanmoins que lui, ses soldats et les bourgeois qui voudraient s'en aller, en sortiraient avec armes et bagages. M. de Villars y consentit et la ville lui fut cédée. A peine ce gouverneur havrais fut-il entré dans la cité, qu'il la pilla, ainsi que la plus grande partie des faubourgs. Puis il plaça comme gouverneur Oscar de Boniface : il lui donna pour se maintenir une garnison de 200 hommes d'armes.

Oscar de Boniface fut, peu de temps après, placé sous les ordres directs du sieur de Crillon.

Henri de Navarre tentait de monter sur le

trône de France, vacant par la mort de Henri III ; mais il était protestant. Et il y avait comme une loi gravée dans le cœur de tout Français, qu'un hérétique ne pouvait régner sur le peuple très-chrétien, sur le royaume le plus beau après celui du ciel, comme on l'a dit. Ce fut comme une guerre entre le parti catholique et le parti opposé.

Honfleur était toujours sous la dépendance des ligueurs. Henri de Navarre devait conquérir pied à pied son royaume. Le 14 janvier 1590, il arriva devant nos murs à la tête d'une grande armée. Le duc de Montpensier l'accompagnait. Oscar de Boniface voyant le roi approcher, tint conseil avec Crillon. Et pour isoler les fortifications des faubourgs, et permettre à celles-ci l'usage du canon contre un ennemi à découvert, il fut convenu entre les deux chefs ligueurs, possesseurs de Honfleur, que l'on mettrait le feu aux paroisses de Saint-Léonard et de Sainte-Catherine. Bientôt, les flammes eurent détruit cinq à six cents maisons. Le 16 et le 17 janvier, le roi s'établit dans le reste des faubourgs. Il les pilla et fit payer rançon à plusieurs bourgeois. Henri de Navarre fut contrarié d'apprendre que c'était le frère du brave qu'il affectionnait tant qui lui faisait résistance. Il lui envoya aussitôt un exprès pour tâcher de le gagner à son parti, mais le ligueur fut inébranlable. Le Béarnais rendit compte, dans une lettre, à son brave Crillon de l'opposition que lui faisait le gouverneur honfleurais, son frère. Voici quelques lignes de cette lettre :

« J'ai trouvé vostre frère dans cette place de
« Honnefleu, résolu, dit-il, de s'opiniastrer con-
« tre l'exemple que vous lui avés donné de meil-
« leur conseil; dont je suis marry, pour avoir
« cogneu tant de valeur et d'affection en vous,
« qu'il me veuille faire dommaige ny entendre
« quoique ce soit, à mon très-grand regret. »

Les ligueurs recevaient continuellement des secours du Havre, où commandait toujours Villars. Mais les soldats de Henri parvinrent à intercepter le passage du port. Et les ligueurs de Honfleur durent rester à leur seule force. Le roi, pendant ce siége, qui durait depuis huit jours, combattait vaillamment. Il se postait le plus souvent là où le danger était grand ; il encourageait les siens de la voix et du geste. Alors Crillon et Boniface, prévoyant ne pas pouvoir défendre plus longtemps la ville, demandèrent à parlementer. Le canon se tut de part et d'autre. La place fut rendue. Le chevalier de Crillon et Oscar de Boniface obtinrent d'en sortir avec toute leur artillerie, leurs armes et leurs bagages.

Henri le Béarnais quitta Honfleur aussitôt. Il y laissa le duc de Montpensier avec une armée, lui permettant de nommer comme gouverneur de la ville celui qu'il voudrait.

Le duc de Montpensier désigna pour occuper cette dignité le capitaine Dessales. Celui-ci était d'un caractère difficile. Au lieu de compatir aux souffrances des Honfleurais et d'essayer de ramener la prospérité dans la ville, en y rappelant les habitants que les malheurs de la guerre en avaient momentanément éloignés, il les traita tout au contraire avec la dernière rigueur. Ses soldats arrêtaient les habitants, les mettaient en prison et ne leur rendaient la liberté qu'après leur avoir fait payer de grosses rançons. Aussi beaucoup de Honfleurais s'enfuyaient-ils de peur d'être en butte à de si mauvais traitements.

Honfleur resta pendant un an au pouvoir des soldats de Henri de Navarre.

Mais Villars, gouverneur du Havre-de-Grâce avait été informé de la conduite odieuse du capitaine Dessalles. Le lundi 4 février 1591, il entra dans les faubourgs de la ville, sur les huit heures du soir. Les royaux étaient loin de s'y attendre. Villars pilla tous les faubourgs, fit payer l'impôt de guerre à plusieurs bourgeois, renvoya ses navires remplis de butin au Havre. Ensuite il assiégea la ville par terre et par mer. Il la fit battre à coups de canon. Enfin le 7 février, vers neuf heures du matin, le capitaine Dessales rendit la ville à M. de Villars, à condition que lui et ses soldats s'en iraient emportant avec eux leurs armes et leurs bagages. Le gouverneur du Havre, devenu maître de notre ville, en fit arrêter les principaux habitants et exigea d'eux de fortes rançons. Le sieur de Pierrecourt fut remis en possession du gouvernement de la ville. Il se hâta d'y envoyer Oscar de Boniface. Et, l'année suivante, il y plaçait Georges de Crillon.

Crillon se fortifia dans Honfleur. Il avait avec lui le curé de Trouville, qui de prêtre s'était fait homme de guerre. Le frère du brave s'était emparé du fort de Tancarville, et, par suite, commandait sur les deux rives de la Seine. Ses soldats arrêtaient les navires, pillaient les campagnes et enlevaient partout des prisonniers, qu'ils ne relâchaient que moyennant rançon.

Mais enfin le Béarnais avait fait son abjuration : il avait juré de vivre et de mourir dans la religion catholique.

La France respirait enfin. Les guerres religieuses étaient à leur fin. De meilleurs jours se levaient pour notre Patrie. Mais il était dans les destinées de Honfleur de passer encore par de nouvelles épreuves. Ballotté entre les deux partis selon les chances diverses de leur fortune ; pillé par les ligueurs ; pillé par les royaux ; payant toujours les frais sanglants de la victoire, de quelque côté qu'elle se déclarât, il fallait que l'obstination de son gouverneur appelât sur Honfleur un dernier désastre.

Le duc de Montpensier ne voyait pas sans un secret dépit le chevalier de Crillon le braver dans Honfleur. Il réunit une armée nombreuse. Une partie de la noblesse du pays trempait dans son parti.

Le 9 mai, une partie de l'armée du duc arriva dans les campagnes qui avoisinent Honfleur. Elle était commandée par le sieur de

Drubec. Celui-ci somma le chevalier de Crillon de lui remettre la place au nom du duc de Montpensier. Crillon et Drubec parlementèrent quelque temps : ils ne tombèrent pas d'accord. Le ligueur se prépara dès lors à une résistance comme désespérée. Par tactique militaire, il résolut d'isoler la place. A cet effet, il pilla les faubourgs. On était au 15 mai 1594. Le lendemain, qui était un lundi, il fit mettre le feu aux faubourgs de Saint-Léonard et de Sainte-Catherine. Le mardi et le mercredi de la même semaine, s'apercevant que quelques pauvres éteignaient l'incendie, il les fit chasser de la ville et il continua à brûler les maisons. Le jeudi 19, sur les quatre heures après-midi, le maréchal de Fervaques, arrivé tout récemment, et le sieur de Drubec cernèrent la ville de tous les côtés, et achevèrent la destruction des quelques rares maisons que le feu avait épargnées. Deux jours après, le duc de Montpensier arrivait à Honfleur avec le gros de l'armée. Le même jour, l'amiral de Villars, qui avait embrassé depuis peu de temps la cause des royaux, partait du Havre pour Honfleur avec cinq ou six compagnies d'hommes d'armes, mais il quitta le soir même notre ville pour aller chercher au Havre quelques pièces de canon. Il revint le 23 mai et il débarqua tout près de l'hôpital, à la pointe de la *Roque*. De Villars, aussitôt à terre, alla trouver le duc de Montpensier. Les assiégeants avaient également fait venir, par la voie de terre, des villes de Bernay, Lisieux, Rouen et Dieppe, plusieurs canons. On plaça ceux qui venaient de Bernay et de Lisieux, sur la côte Vassale. Les autres, au nombre de vingt-deux, furent placés à l'est de la ville, en trois endroits différents. Les canons de la côte Vassale furent dirigés contre les fortifications du boulevard et de la tour; les autres devaient battre en brèche cette même tour et la muraille.

De leur côté, les ligueurs avaient fait de grands préparatifs. Crillon les animait à une défense opiniâtre. Les royaux, il est vrai, étaient plus forts en nombre; ils pouvaient compter près de dix mille guerriers. N'importe, si les ligueurs doivent succomber, si Crillon doit être vaincu pour la seconde fois, ce ne sera qu'après avoir soutenu avec valeur et le plus longtemps possible le choc des ennemis. Enfin, toutes les batteries étant disposées, le combat commença. Les assiégeants bombardèrent la grosse tour et la muraille. Plus de trois cents coups de canon furent tirés. Le curé de Trouville resta au nombre des morts.

Le mardi des fêtes de la Pentecôte (1er juin), dès l'aube du jour, les assiégeants firent une large brèche à la grosse tour et à la muraille. L'après-midi du même jour, ils montèrent à l'assaut par deux fois. Les ligueurs résistèrent courageusement. La lutte fut opiniâtre, et bon nombre de combattants tombèrent des deux côtés ; mais la victoire resta incertaine. Il y avait alors quatre batteries : la première, placée sur les bords de la mer, était commandée par l'amiral de Villars ; la seconde, élevée sur la côte Vassale, obéissait au sieur de Suresne ; les deux autres, qui étaient montées dans le quartier Saint-Léonard, se trouvaient sous les ordres du duc de Montpensier et du sire de Fervaques. Les canons de la charrière Vassale battaient sans cesse, pour empêcher les ligueurs de réparer la brèche. Le lendemain, 3 juin, on remonta de nouveau à l'assaut. L'attaque et la défense de la place étaient également héroïques. Le canon tonnait toujours, écrasant à la fois les maisons et les remparts. Le combat durait depuis trois heures du matin, et le soir s'avançait. Crillon comprit bien qu'il ne pouvait tenir longtemps encore contre l'armée royaliste. Il fit paraître un tambour sur les remparts : il fit dire qu'il était serviteur du roi Henri IV et qu'il était prêt de lui rendre la ville, à lui et à M. de Montpensier. Ce dernier eut aussitôt une entrevue avec ses lieutenants; il leur demanda s'il fallait accepter la proposition du gouverneur. De Fervaques, de Drubec et les autres grands seigneurs prononcèrent tous, d'un commun accord, qu'il était mieux de faire droit à la demande de Crillon. Ne pas accepter la paix, dirent-ils, c'est condamner pour ainsi dire beaucoup de braves soldats à trouver la mort sous les remparts de la ville. On accorda donc à Crillon de s'en aller, lui et ses soldats. On permit aux vaincus d'emporter leurs armes et leurs bagages, à la condition que dans un mois ils auraient tous quitté la province de Normandie.

Pendant ce siége, qui avait duré dix-huit jours, les assiégeants avaient tiré sur la ville deux mille sept cent douze coups de canon.

Le gouvernement de la ville de Honfleur fut remis, par le duc de Montpensier, à un capitaine de ses gardes, M. de Lestanc. Ce gouverneur voulut forcer les habitants de la ville et des campagnes voisines au curage des fossés et du port; mais il imposa ce travail avec tant de rigueur que beaucoup s'en plaignirent. Le roi fut averti de ces mauvais traitements, et il défendit à tous les gouverneurs de places, de faire exécuter ces travaux par les habitants. Ce fut un grand soulagement pour le peuple.

Le sieur de Lestanc resta gouverneur de notre ville jusqu'en 1597. Ce fut le sieur Daumont, comte de Chateauroux, qui lui succéda. Ce dernier prit pour lieutenant Pierre de Mougours.

L'année suivante, 1598, la France était pacifiée. Henri IV était reconnu par tout le monde comme roi de France.

L'histoire de Honfleur, pendant le XVIe siècle, vient de passer sous les yeux du lecteur. Jetons encore un regard sur ce siècle : ce coup d'œil sera l'appréciation abrégée des faits qui se sont réalisés pendant cette période séculaire de notre histoire locale.

Les commencements de ce siècle ont été

vraiment brillants. Honfleur s'est illustré parmi beaucoup d'autres villes de la Normandie. Cette cité n'a-t-elle pas vu deux de ses enfants partir un jour de son port pour aller vers des pays lointains? Ne les a-t-elle pas vus revenir dans son enceinte après avoir découvert des terres jusqu'alors inconnues? Et parmi toutes ces victoires signalées que nos braves marins remportèrent sur l'ennemi, n'oublions pas de citer de préférence leur glorieux triomphe sur les flottes flamandes. N'a-t-on pas droit de s'enorgueillir, quand on reçoit de la part des princes, de ceux qui ont le front ceint du diadème, des félicitations grandement méritées?

Mais le ciel s'est assombri; je ne sais quel nuage a paru à l'horizon. La guerre intestine a dévoré pièce à pièce notre ville. Les églises du Dieu vivant ont été profanées; les maisons des habitants ont disparu dans de violents incendies. Le sang a coulé sous nos murs. Que n'était-il versé pour une autre cause? Combien de braves sont tombés pendant cette guerre de religion, qui auraient acquis, à bon droit, un nom d'honneur et de gloire dans la postérité la plus reculée, si, à l'exemple de leurs frères morts il y a un siècle en repoussant l'Anglais, ils eussent prodigué leur vie pour le bien général de la cité honfleuraise ?

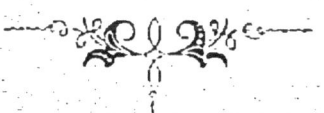

CHAPITRE VIII.

XVIIe SIÈCLE.

Marie de Bourbon, dont nous avons parlé dans le chapitre précédent, touchait à la fin de sa carrière. En 1601, la mort l'enleva à l'affection de sa famille.

La baronnie de Roncheville, dont Honfleur faisait partie, passa entre les mains de son fils, FRANÇOIS D'ORLÉANS, comte de Saint-Pol.

Cette même année 1601, le sieur de Mougours était remplacé comme gouverneur de notre ville par Pierre de Petitgars, sieur de la Guérinière.

En 1602, les derniers vestiges du sanctuaire de Notre-Dame-de-Grâce furent enlevés. Les fidèles venaient toujours prier près de ces débris : c'était exposer leur vie. Mais bientôt une nouvelle chapelle devait s'élever en l'honneur de la Vierge et remplacer l'ancienne.

En 1603, les fortifications de la ville de Honfleur commençaient à s'achever on y travaillait déjà depuis longtemps. Le roi de France, le bien aimé Henri IV, vint cette année là même visiter cette ville qui lui avait fait tant d'opposition : c'était le 11 septembre. On avait fait de grands préparatifs pour le recevoir. La noblesse du pays et le peuple le reçurent avec les plus vifs témoignages d'affection. La somme des frais de réception s'éleva à 758 écus. Le roi repartit le lendemain.

Sur ces entrefaites, un établissement français se formait au Canada. Un armateur honfleurais, du nom de Chauvin, fut investi le premier du privilége exclusif de la traite des pelleteries dans cette colonie. Aymard de Chattes succéda à Chauvin comme directeur de la compagnie. Une expédition fut faite au Canada ; on rapporta des marchandises et des fourures. Pendant ce temps, Aymard de Chattes mourait. Pierre de Mougours dont nous avons déjà parlé, fut choisi pour le remplacer. C'était un homme actif et amoureux des expéditions lointaines. En 1604, il organisa une nouvelle expédition. Cependant des plaintes graves s'élevèrent contre la compagnie. Elle était accusée d'user de son privilége pour empêcher les négociants des villes maritimes de prendre part au commerce de l'Amérique. Ces plaintes furent cause que Henri IV décréta, en 1606, la dissolution de cette compagnie.

L'année qui avait précédé cette suppression, 1605, le seigneur de Honfleur, François d'Orléans, par contrat du 24 mai, vendait, moyennant cent mille écus, la baronnie de Roncheville à la marquise de Rothelin. Le duc de Montpensier ne vit pas cette vente de bon œil. Comme il était convoiteux de réunir à son apanage les biens de cette baronnie, il protesta, attaqua et plaida. Et, le 10 mai 1606, il réussit sur clameurs féodales à se faire remettre ces biens par la marquise de Rothelin.

Le duc de Montpensier ne jouit pas longtemps de sa nouvelle seigneurie. Il mourut à Paris, le 27 février 1608. Ses armes étaient : de *France, au bâton péri de gueules, chargé d'un croissant d'argent.*

De son mariage avec Henriette de Joyeuse, il

laissait une fille âgée de trois ans, dont le nom était Marie.

Cependant la compagnie française établie au Canada pour le commerce des pelleteries fut bientôt rétablie par ordonnance royale (1609). Pierre de Mougours obtint de nouveau le privilége qu'on lui avait ôté. Il partit pour le Canada, où il jeta même les fondements de la ville de Québec. Mais ceux qui l'accompagnaient ne se sentaient mus que par l'amour sordide du gain. Ils s'opposèrent à Mougours, et firent, pour la seconde fois, dissoudre la compagnie.

En 1610, Henri IV tombait sous les coups d'un assassin, de l'exécrable Ravaillac. Son fils aîné, qui n'avait que neuf ans, lui succéda sur le trône : c'était Louis XIII.

Les Honfleurais regrettaient toujours leur chapelle : il y avait dix ans que les ruines de l'ancienne avaient été enlevées. M. Gonnier entreprit d'élever un nouveau sanctuaire. Il en fit creuser les fondations à cent pas environ de l'ancienne, vers le sud-ouest. Mais il en resta là faute d'argent et de protections. « Le terrain sur lequel il avait commencé à bâtir appartenait à mademoiselle DE MONTPENSIER, comtesse de Roncheville et dame de Honfleur, et il fallait obtenir son autorisation. M. Gonnier s'adressa alors au marquis de Fontenay, intendant des biens de la princesse, et celui-ci obtint d'elle le don d'une acre de terrain, et la permission de choisir, dans la forêt de Touques, huit chênes pour construire la charpente du nouvel édifice. Les offrandes des habitants de Honfleur firent le reste, et en moins d'une année, en 1613, la chapelle s'éleva; mais elle se ressentait de la pauvreté qui régnait alors en France; ce n'était qu'un petit bâtiment trois fois aussi long que large, couvert en chaume, isolé au milieu des bruyères, et ressemblant plutôt à une grange qu'à un oratoire. »

En 1614, une cabale s'était formée contre Marie de Médecis, régente de France pendant la minorité du jeune Louis XIII. On savait trop bien à la cour la résistance qu'avaient faite, vingt ans auparavant, les habitants de Honfleur contre le successeur du dernier des Valois. Aussi la reine-mère envoya-t-elle à Honfleur le sieur de Lanqueto, pour engager les habitants de cette ville à lui conserver leur fidélité. Cet envoyé de Marie de Médicis fut fort bien reçu : on lui donna des fêtes. Notre ville se rappelait encore ce qu'il en coûte à se mêler des querelles des ambitieux.

Ce fut en cette même année (1614) que les RR. PP. capucins vinrent s'établir à Honfleur, sur l'invitation du gouverneur de la ville, Etienne de la Roque.

En 1616, trois vaisseaux partirent de Honfleur pour les Indes orientales ; ils étaient commandés par un Honfleurais, le capitaine Le Lièvre. Plus heureux que Binot-Paulmier ne l'avait été un siècle auparavant, le capitaine Le Lièvre renoua avec les villes de Java, de Sumatra, et surtout de Achem, des relations qui avaient précédemment existé, et il revint à Honfleur rapportant dans ses bateaux de riches chargements.

Une autre expédition fut faite dans les Indes orientales, en 1619. Elle était dirigée par Augustin Beaulieu également de Honfleur. Celui-ci partit de notre port avec trois bâtiments de 273 hommes d'équipage. Il ne revint à Honfleur qu'après deux années d'absence.

Le 19 juin 1620, M. d'Ornano succédait, comme gouverneur de Honfleur, à Étienne de la Roque. Il était protégé par HENRIETTE DE JOYEUSE, veuve du dernier Montpensier. C'était un homme d'une rare bonté, aussi tout le monde l'estimait-il. Cependant il n'habita jamais Honfleur; c'étaient ses lieutenants qui gouvernaient la ville en son absence.

Cette année-là même (1620), les habitants de Saint-Léonard finissaient de rebâtir leur église. Il y avait près de soixante années que Chaudet l'avait réduite en cendres.

A cette époque, les protestants commençaient à se remuer en France. Ils s'assemblèrent par députations à la Rochelle, et le duc de Longueville écrivit aux habitants de Honfleur de se tenir sur leurs gardes, attendu que les huguenots avaient tenté de mettre le siége devant Dieppe. Diverses précautions furent prises pour mettre la ville à l'abri de ce danger nouveau; de grands travaux furent faits aux fortifications, surtout du côté de la mer.

La guerre éclata bientôt avec les protestants, et Louis XIII commanda que les armateurs de Honfleur lui fournissent quelques navires pour joindre à son armée navale de la Rochelle. Toutefois la paix ne tarda pas à être signée entre le roi et les protestants, 6 février 1626.

Six mois, jour pour jour, après ce traité, Marie de Montpensier épousait le frère de Louis XIII, duc d'Orléans, GASTON-JEAN-BAPTISTE DE FRANCE.

Le gouverneur de Honfleur, le marquis d'Ornano, mourut peu de temps après (26 octobre 1626). Il fut remplacé par le duc de Villars. Le nouveau gouverneur fut loin d'être entouré de l'affection universelle comme l'avait été son prédécesseur. Le parti protestant sembla de nouveau relever la tête ; on crut un instant que les luttes qui avaient terminé la fin du XVIe siècle allaient recommencer.

Marie de Montpensier ne survécut pas longtemps à son mariage avec le duc d'Orléans, car elle mourut le 4 juin 1627, après avoir donné le jour à une fille, connue dans l'histoire sous le nom de MARIE-ANNE-LOUISE D'ORLÉANS.

Le 16 décembre 1627, une tempête furieuse vint assaillir notre ville ; elle enleva deux rues au-dessous de la *rue Haute*, c'étaient les rues Vastel et Petit. Ainsi donc les ouragans forçaient de plus en plus les Honfleurais à se rapprocher de la côte.

Le siége de la Rochelle (1627) était dirigé contre les fanatiques protestants. Les Rochellais soutinrent le combat pendant quatre mois. Le gouverneur de notre cité, Georges de Villars, avait accompagné Louis XIII sous les murs de la Rochelle. Pendant ce temps, son fils aîné, le sire de Graville, commandait en son nom à Honfleur.

Pendant que M. de Villars prenait part, aux côtés du roi, au siége de la Rochelle, la compagnie du Canada était réorganisée pour la troisième fois. Les négociants de Honfleur furent invités par Richelieu à prendre part à l'expédition. Le 28 avril 1629, nos commerçants se rassemblèrent en séance sous la présidence de M. Duprey, lieutenant. La proposition de la compagnie du Canada fut agréée. Cinq négriers armèrent dans notre port; ils partirent au Congo et en Guinée et ils en ramenèrent une abondante cargaisons de noirs.

Sur ces entrefaites, vingt-cinq navires de Honfleur furent rencontrés par une flotte anglaise sur le banc de Terre-Neuve et à la descente de la rivière de Montréal. Ils furent pris par l'ennemi. Ce fut pour notre ville une perte de plus de 300,000 livres.

En 1635, la peste ravagea la ville de Honfleur et le nombre des morts y fut si considérable que la plupart des habitants désertèrent la ville (1).

Deux années après (1637), Louis XIII imposait la ville de Honfleur à 30,000 livres réparties en trois paiements égaux. Les habitants furent étonnés de cet ordre royal, et, le 2 mai 1637, ils s'assemblèrent pour délibérer sur ces impôts. Comme la ville n'avait pas l'argent qui lui était nécessaire pour acquitter de suite une si forte somme, elle fut obligée d'en emprunter. Puis

---

(1) En 1634, la peste fit sa réapparition dans la ville de Rouen; elle exerça ses terribles ravages d'une façon effrayante. Les capucins de cette ville, malgré leur courageux dévouement, se trouvèrent débordés; ils se virent dans l'impossibilité de répondre aux pressantes sollicitations des habitants. En face d'une telle situation, les capucins de Rouen résolurent de faire appel à leurs collègues de Normandie. Leur voix fut entendue. De tous les points de cette province, on vit les nobles enfants de saint François d'Assise se diriger vers la ville consternée. Les capucins de Honfleur ne restèrent pas en arrière; ils imitèrent leurs confrères des villes voisines : ils volèrent combattre le fléau destructeur. Plusieurs d'entre eux payèrent de leur vie, leur généreux sacrifice. Leurs corps furent inhumés dans le cimetière de Saint-Maur, à côté de leurs compagnons morts en pareille circonstance, pendant la contagion qui désola la cité Rouennaise en 1622 et 1623.

Les habitants de la ville décimée voulurent payer à ces martyrs du dévouement la dette de la reconnaissance. Ils firent placer, au pied de la même croix où reposaient les capucins morts douze années auparavant, une table de marbre; ils firent graver, en lettres d'or, le nom de ces généreux enfants. Parmi cette longue liste, nous avons remarqué le nom d'un Honfleurais! nous y avons lu le nom du R. P. Charles, capucin de Honfleur.

(*Hist. de la ville de Rouen*, tome III, page 117, édit. de 1710).

elle adressa une supplique au roi, et celui-ci, par arrêt du 15 mars 1638, ordonna que, comme par le passé, la ville ne paierait que 1,050 livres.

L'année 1639, les sieurs de Lestoile et Ferrey obtenaient la permission d'établir un passage ordinaire par bateaux entre Honfleur, le Havre, Touques et la Rivière. Cette concession fut faite moyennant 500 livres de rente annuelle, et il fut défendu à ceux qui portaient précédemment des voyageurs, de le faire à l'avenir. L'amende pour les délinquants était fixée à 500 livres et à la confiscation des bateaux.

Le bruit courait que les Espagnols devaient faire une descente sur nos côtes. Le cardinal de Richelieu, qui était alors ministre du roi de France, ordonna aux Honfleurais d'armer un corsaire. Ce fut Abraham Duquesne qui reçut le commandement de ce navire. Le 7 juillet 1640, le corsaire honfleurais sortit du port. Les Espagnols ne parurent pas. Le bruit de cette descente prenait de plus en plus de la consistance, et le 15 février 1641, le capitaine des gardes-côtes à Honfleur recevait une lettre par laquelle on l'engageait fortement à se tenir tout prêt et à surveiller l'ennemi, afin qu'il ne vînt point dévaster nos côtes. Cependant les Espagnols ne se montrèrent point.

La guerre continuait toujours entre la France et l'Espagne. Richelieu, parvenu au plus haut degré de la puissance, faisait de grands efforts pour assurer le triomphe de nos armes. Le 23 décembre 1641, il prescrivait de faire dans nos ports la recherche de tous les marins. Le jour suivant, il écrivait à toutes les villes maritimes pour les solliciter de presser ce dénombrement. Il voulait former un redoutable armement naval; comme toutes les cités maritimes de France, Honfleur fournit son contingent.

Pendant que les guerriers de la France se couvraient de gloire en Espagne, Richelieu prescrivait la réparation des fortifications de Honfleur. Le sieur Petit, ingénieur du roi, fut envoyé dans notre ville à ce sujet. Il ordonna d'importants travaux à la porte de Caen. Il consolida son bastion. Il en construisit un autre à côté. Il mit le reste des fortifications sur un bon pied de défense.

Les besoins de la guerre nécessitaient une fois encore la levée de contributions extraordinaires. La ville de Honfleur dut payer 4,000 livres. Les habitants réclamèrent contre cette mesure: ils allèrent même jusqu'à exhiber leurs titres et priviléges. L'imposition n'en fut pas moins maintenue.

Louis XIII venait de mourir (1643). Un enfant de cinq ans allait monter sur le trône : c'était Louis-le-Grand. Son avénement à la monarchie française fut signalé par la levée de nouveaux impôts : Honfleur paya 2,000 livres. L'année suivante, notre cité, à l'occasion des guerres civiles, était imposée de nouveau à 18,000 livres, ce qui était une somme énorme pour ce temps.

Le gouverneur de Honfleur, Guy de Fours, mourut en 1645. Son fils partit alors pour un voyage auquel il était intéressé ; mais il eut la maladresse de laisser, sans en avoir obtenu la permission du roi, le soin de défendre la place au sieur de Saint-Hubert. Les Honfleurais virent cet acte de mauvais œil. La milice bourgeoise se mit sous les armes, puis on envoya des députés vers le sieur de Saint-Hubert pour lui demander qui lui avait remis le commandement de la ville ; celui-ci répondit, sans s'émouvoir, que Antoine de Villeneuve, sieur de Monts, avait été, par arrêté du roi, nommé gouverneur de Honfleur, et que, pour lui, ce n'était qu'en son absence qu'il prétendait défendre la place. Cette explication ne satisfit pas les échevins honfleurais qui déposèrent le sieur de Saint-Hubert; ils s'emparèrent de l'autorité, puis ils placèrent la garnison sous le commandement de Louis Lecordier. Quelques jours après, arrivait le sieur de Monts, que le roi venait récemment de nommer gouverneur de notre ville; celui-ci repartit bientôt. Il confia au sieur Larivière-Maloisel le soin de défendre la place; ce n'était pas un beau choix, une émeute eut lieu. Maloisel fut destitué de ses fonctions au milieu des huées de la population, rassemblée à l'hôtel de ville. Le sieur Bicherel fut désigné d'un commun accord pour lui succéder en qualité de lieutenant. Il s'acquitta de cette dignité à la grande satisfaction de tous.

C'est alors qu'Anne d'Autriche, régente pendant la minorité de Louis XIV, chargea Pierre Mallet, lieutenant au bailliage d'Auge, de procéder à l'inventaire des armes et munitions de guerre qui existaient pour lors dans l'enceinte fortifiée de Honfleur.

Quelques temps après (1648), eut lieu la guerre de la Fronde. Cette guerre, pour nous servir de l'expression de M. Michelet, était une gaie et vive échappée d'écoliers entre deux maîtres sévères : Richelieu et Louis XIV. Les princes voulaient reconquérir leurs anciens priviléges ; le peuple gémissait sous le fardeau des taxes anciennes et nouvelles. Paris vit des barricades s'élever dans ses murs. La ville de Honfleur fut un peu mêlée dans cette guerre de la Fronde. Voici comment : le duc de Longueville était un homme ambitieux ; il voulait trôner en Normandie. Dans ce but, il s'efforça de gagner toute cette province au parti des princes. Il s'en fut d'abord à Rouen ; il obtint du parlement de cette ville qu'aucune troupe royale n'entrerait dans cette capitale de la Normandie sans sa permission. Cet arrêt du duc de Longueville fut accueilli favorablement à Honfleur. Et tout en protestant de sa soumission au roi, notre ville n'en arbora pas moins le drapeau de la révolte des princes. Mais le duc de Harcourt embrassa la cause de la reine-mère ; le sieur de Monts le suivit. Dès lors la cause du roi triompha dans notre ville. Le gouverneur reçut ordre de faire une levée de 300 hommes. Anne d'Autriche, de son côté, lui octroya 3,600 livres pour l'armement de la place. Cet ordre de choses dura pendant une année. Et bientôt la Fronde périt d'elle-même.

En 1649, une peste horrible ravagea notre ville ; la mortalité fut très-grande. Alors on put voir les capucins au chevet des malades, distribuant partout les secours spirituels et temporels, ensevelissant les morts, et donnant l'exemple d'un courage et d'une charité sans bornes. Un tel dévouement acquit dès lors aux bons religieux la reconnaissance et l'admiration des Honfleurais.

Au mois de mars de l'année 1653, pendant que la paix régnait entre la France et l'Angleterre, vingt-six navires, armés pour la pêche de la morue, partirent du port de Honfleur pour le grand banc de Terre-Neuve. La petite flotte allait doubler le cap de la Hogue, lorsqu'elle fut atteinte par neuf gros vaisseaux anglais dont le plus faible avait quarante canons ; il fallut combattre. On était en paix, c'est vrai, mais nos ennemis d'Outre-Manche n'y regardent pas de si près. La flotille honfleuraise essaya en vain de se défendre, mais elle n'était pas en force. Un grand nombre de nos marins trouvèrent la mort dans cette odieuse attaque. Plusieurs navires furent pris par l'ennemi ; d'autres furent dispersés et coulés. La perte de ces navires fit à Honfleur un mal immense. En apprenant cette nouvelle, tous les habitants de notre ville furent terrifiés. Quatre navires anglais stationnaient dans le port ; les Honfleurais songèrent à les confisquer à leur profit et ils présentèrent à ce sujet une requête au roi.

Malgré ce grand échec, les Honfleurais furent loin de perdre courage ; il leur tardait de rendre aux Anglais une partie du mal que ceux-ci leur avaient fait. Ils armèrent en corsaires leurs terres-neuviers, puis ils s'en furent courir à l'aventure sur les côtes de l'Angleterre. Ils s'emparèrent de vingt-cinq petits navires et ils les ramenèrent triomphalement dans le port de Honfleur. C'était une glorieuse revanche. Mais Louis XIV ordonna de rendre ces navires, tout en ratifiant la confiscation de ceux qui avaient été précédemment saisis dans le port.

En 1664, le neveu de M. de Monts, le lieutenant au gouvernement de Honfleur, fut enlevé par la mort. Il fut remplacé dans ce poste par le sieur de Saint-Germain, qui ne jouit pas longtemps de cette dignité.

La peste exerçait toujours ses ravages sur notre cité. C'était pour la troisième fois depuis trente ans qu'elle venait atterrer la population honfleuraise.

Jusqu'à cette époque, Honfleur avait conservé son aspect guerrier et sa physionomie moyen-âge ; ses tours et ses remparts enveloppaient encore comme un réseau son étroite étendue. Son port, vers lequel la mer amoncelait les vases et les sables, menaçait encore une fois de se fermer. Louis XIV allait arriver à l'apogée de sa gloire. La féodalité expirait dans des convulsions étranges ; Louis-le-Grand voulut en finir avec elle. Entre autres moyens de succès dans cette entreprise, il se prit à faire abattre un grand nombre de forteresses qui n'étaient plus nécessaires à la défense du royaume. Au nombre de celles qui furent marquées comme devant être démolies, se trouvait la forteresse de Honfleur. On commença par abattre la porte de Rouen, qui menaçait ruine.

On parlait beaucoup de l'amélioration du port.

Cette amélioration était des plus nécessaires, et d'ailleurs la masse énorme des pierres provenant des démolitions pouvait y être utilement employée. Par ordre de Louis XIV, Abraham Duquesne fut envoyé dans ce but à Honfleur. Il constata qu'il était urgent de creuser un nouveau port, mais ce fut tout. L'heure des combats allait sonner; l'argent qui eut dû servir à cette construction, fut englouti dans les guerres du grand roi.

Cependant, Louis XIV était à la fois attaqué par l'Espagne et par l'empereur et les princes de l'Allemagne. Pour faire face à tous ces ennemis, il fallait à ce grand monarque bon nombre de braves marins et d'innombrables guerriers. Il prescrivit donc de faire à Honfleur une levée considérable de matelots; mais ce fut à grand'-peine si on put en trouver quelques-uns, car la ville était comme décimée.

Toutefois, les Honfleurais pensaient toujours à améliorer leur port. Ils réclamèrent l'appui du ministre du roi, du fameux Colbert. Pour réussir dans le projet de construction de ce nouveau port, on avait à abattre, le long du quai Saint-Etienne, la partie du rempart qui reliait le fort

Bourbon à la porte de Caen, et comme le fossé n'était pas assez large, il fallut exproprier toute une rangée de maisons dans le sens de la longueur des fortifications ; ces expropriations coûtèrent des sommes énormes.

En 1683, la ville paya 2,000 livres, et, le 16 avril 1684, il fut décidé qu'elle en paierait encore chaque année 1,500 ; puis en 1685, afin de faire terminer les travaux, elle emprunta 100,000 livres.

Les protestants diminuaient de nombre à Honfleur. En 1682, le temple protestant que l'on avait construit dans la ville fut fermé ; bientôt on l'abattit.

Louis XIV décréta (22 octobre 1685) la révocation de l'édit de Nantes. Le nouveau décret royal interdisait aux protestants l'exercice de leur culte et prescrivait à leurs pasteurs de sortir du royaume sous peine de galères. Il fut enjoint aux calvinistes de ne plus tenir d'école. Ce décret produisit des fruits différents de ceux que le gouvernement s'était promis. Beaucoup de protestants ne jugèrent pas à propos de se soumettre et sortirent de France. Louis-le-Grand voulut empêcher ces émigrations. Il fit armer une frégate à Honfleur dans le but de surveiller la rade, et de garder l'embouchure de la Seine depuis le Havre jusqu'à notre ville. Cette garde extérieure de nos côtes ne produisit aucun effet. Les protestants trompèrent bien souvent sa vigilance et ne cessèrent pas leurs migrations.

Les travaux du bassin de l'Ouest allaient être terminés quand mourut le sieur de Monts, gouverneur de Honfleur. Il fut remplacé par le marquis de Cars.

La duchesse de Montpensier descendit dans la tombe le 5 avril 1693. L'héritier de ses biens, PHILIPPE D'ORLÉANS, frère de Louis XIV, envoya de suite à Honfleur un de ses officiers afin de présenter ses titres de possession comme seigneur de la ville. Ces titres furent enregistrés au greffe de la municipalité. Les armes de Philippe d'Orléans étaient : de *France au lambel d'argent*. Ce prince se maria deux fois. Il épousa en premières noces Henriette d'Angleterre, fille de Charles Ier. Sa seconde épouse fut Charlotte-Elisabeth de Bavière.

L'année même de la mort de la duchesse de Montpensier, Raymond du Cap était nommé lieutenant au gouvernement de Honfleur. Celui-ci se construisit un logement sur l'emplacement même des fortifications environnant la porte de Caen. Cette demeure fut alors appelée la Lieutenance, nom qu'elle porte encore aujourd'hui. Elle fut toujours occupée par les lieutenants du roi, jusqu'à l'époque de la Révolution.

Le sieur de Cars était mort, et il avait laissé le gouvernement de la ville à Pierre Poncherot, sieur des Alleurs (1698). Ce dernier donna sa démission l'année suivante. Il fut remplacé par le sieur d'Armand, capitaine des gardes du duc d'Orléans.

CHAPITRE IX.

L'HOPITAL DE HONFLEUR, PENDANT LE XVIIe ET LE XVIIIe SIÈCLE. — CONGRÉGATION DE NOTRE-DAME. — COLLÉGE. — ÉCOLE COMMUNALE.

I.

Nous avons vu précédemment (p. 114) que les premiers fondements de l'hôpital de Honfleur avaient été jetés en l'année 1540. C'est tout ce que nous avons dit sur cet établissement d'utilité première. Les faits dont nous avons à entretenir à ce sujet nos concitoyens se rapportent principalement aux XVIIe et XVIIIe siècles, et, comme ces faits sont nombreux et importants, nous avons jugé à propos de les relater dans un chapitre spécial, le lecteur en saisira mieux l'enchaînement. C'est pourquoi, arrivé sur la limite de ces deux siècles, nous allons faire une toute petite halte dans l'histoire générale de Honfleur, et donner succinctement le récit des faits qui concernent notre hôpital.

L'hospice de Honfleur fut d'abord très-pauvre. Ses premiers administrateurs furent payés par la municipalité ; ses seuls revenus consistaient alors en dons volontaires et quêtes faites dans les églises de la ville. Les échevins de Honfleur étaient chargés de sa direction.

Il en fut ainsi pendant tout un siècle.

Mais voilà qu'un pieux dessein a germé et mûri dans l'âme d'une digne et fervente religieuse! Madame Dubosc, attachée à l'hôtel-Dieu de Rouen, avait été informée du triste état dans lequel languissait, depuis un siècle, l'hôpital de Honfleur; elle en avait été profondément émue, et, depuis lors, elle songeait à faire venir des religieuses hospitalières pour diriger cet asile de la souffrance.

Elle quitta Rouen et vint dans notre ville ; puis elle s'assura du concours de mademoiselle Noncher, de Pont-l'Évêque, et l'associa à son œuvre.

Mais ce n'était là encore qu'une ébauche. Il fallait un réglement pour la nouvelle communauté, il fallait de plus assurer son existence. Madame Dubosc et sa compagne pouvaient disposer de 400 livres de rente; elles en dotèrent l'hôtel-Dieu de Honfleur. Puis elles composèrent le réglement que devaient suivre les religieuses hospitalières. Entre autres clauses, il y en avait une qui prescrivait qu'on n'accepterait aucune fille à moins qu'elle n'apportât avec elle une dot convenable. Cette règle fut soumise à l'approbation de la municipalité, qui l'accueillit dans tous ses points. Ensuite on demanda à madame DE MONTPENSIER la confirmation de cette communauté. La grande Mademoiselle se montra favorable à cette demande, et par des lettres patentes en date du 20 février 1646, madame Dubosc et sa compagne furent mises en possession de la maison hospitalière.

Quelques temps après, deux vertueuses filles vinrent frapper à la porte de l'hôpital. Elles demandaient à partager les travaux et la peine de madame Dubosc. L'une d'elles offrait pour dot une maison située rue Boudin et dont elle était propriétaire.

Mais les œuvres de Dieu ne grandissent qu'au milieu des épreuves. L'âme et l'appui de la communauté naissante, la digne et respectable madame Dubosc, fut enlevée prématurément à la direction de l'hôpital. Ses trois compagnes furent déconcertées par cette mort de leur supérieure. D'ailleurs leurs ressources étaient insuffisantes, et elles étaient souvent si maltraitées par les pauvres qu'elles soulageaient! Elles ne se sentirent pas la force nécessaire pour continuer l'œuvre commencée; elles avertirent l'administration qu'elles allaient se retirer. La municipalité accepta leur démission et ces vertueuses filles se consacrèrent à l'éducation des jeunes personnes pauvres.

Ce départ fut une perte pour l'hôpital de Honfleur. Cependant il ne fut pas fermé; les échevins de la ville en reprirent la direction et ce fut l'administration qui se chargea du soin des malades. Il en fut ainsi jusqu'en l'année 1669.

Mais l'heure avait sonné où l'œuvre ébauchée par madame Dubosc allait enfin grandir et prendre de la consistance.

Trois vertueuses filles dont l'histoire nous a

conservé les noms (1) furent touchées de l'état de dénuement dans lequel languissaient les pauvres et les infirmes de la ville; elles songèrent à consacrer ce qu'elles avaient de forces au soulagement de cette classe que la fortune semblait oublier. Elles firent connaître leur dessein à l'administration. Leur projet fut grandement loué; leur demande fut accueillie et présentée à mademoiselle de Montpensier. Par des lettres patentes en date de 1676, la grande Mademoiselle autorisait les trois vertueuses filles à prendre en main la direction de l'hôpital de Honfleur et à se consacrer tout entières au soulagement de la classe pauvre. Elle donna à ces pieuses filles, outre l'hôpital, la chapelle et les choses qui en dépendaient, pour être employées au même objet. Le gouverneur, le maire et les échevins devaient en avoir l'administration.

Par suite de cette concession, l'hôpital passa donc entre les mains de ces trois braves filles. Elles vécurent en communauté, cependant elles ne firent point de vœux solennels.

En 1677, elles obtinrent des lettres de con-

(1) Mesdemoiselles Gabrielle Oricult, fille de Jacques Oricult, capitaine de navire; Françoise Bottey, fille de Jean Bottey, contrôleur au grenier à sel de Honfleur; Anne Lecomte, fille de Jacques Lecomte (Archives de Honfleur).

firmation ; ces lettres laissaient toujours à la ville le soin de placer à l'hôpital un chapelain, et celui de s'occuper de la direction des affaires temporelles. Ces premières lettres furent perdues ; il en fut accordé de nouvelles en 1683. L'année suivante, trois disciples de saint Ignace de Loyola vinrent à Honfleur : c'étaient les pères Cauron, Beaulieu et Castat. Ils étaient chargés d'appliquer, dans toutes les villes du royaume, des mesures ordonnées en 1662 relativement aux hôpitaux. A leur arrivée, une convocation fut adressée aux bourgeois et aux habitants de la ville. Le 16 août 1684, les nobles de Honfleur se réunirent en assemblée générale. Malgré les lettres patentes octroyées en 1677 et renouvelées en 1683, une nouvelle forme d'administration fut adoptée. Il fut arrêté que la direction du spirituel de l'hôpital appartiendrait désormais à l'évêque de Lisieux et aux curés de Sainte-Catherine et de Saint-Léonard. Il fut arrêté en outre que l'administration du temporel serait confiée au gouverneur, au lieutenant du roi, au maire et aux échevins. Mademoiselle de Montpensier agréa ces dispositions et les confirma par des lettres patentes du mois d'août 1687.

Dès lors, il y eut pour l'hôpital une véritable amélioration. Les bâtiments furent réparés, la chapelle réédifiée et les revenus augmentés.

Les trois nouvelles directrices restèrent attachées à l'établissement jusqu'en 1695. A cette époque, l'administration appela des religieuses hospitalières pour continuer l'œuvre et prendre définitivement la direction de l'hôpital. Ces religieuses appartenaient à l'ordre des dominicaines (1). (*Dict.* de La Martinière, tome IV, 2me partie, page 179.)

Cet asile de la charité et du dévouement grandit bien vite sous l'habile direction des religieuses nouvellement arrivées. On se mit en mesure de pouvoir soulager un plus grand nombre de malades. Les revenus de l'établissement s'accrurent. De nouveaux lits furent montés; c'était au point qu'en l'année 1726, l'hôtel-Dieu de Honfleur pouvait loger et nourrir près de cent malades et orphelins.

(1) A partir du jour où fut prise cette mesure de l'administration municipale, mesdemoiselles Gabrielle Orieult, Françoise Bottey, et Anne Leconte, formèrent la résolution de vivre en communauté et de faire des vœux solennels. Elles reçurent l'autorisation de donner suite à ce pieux dessein. Dès lors elles se consacrèrent au service des malades et des orphelins pauvres de la ville; elles ne demandaient aucune rétribution de la municipalité. (Cette société de filles dévouées, prit le titre de la Conception de la Vierge). *Dict.* de La Martinière, tome IV, 2e partie, page 179.

Plusieurs ressources vinrent augmenter le revenu dont pouvaient disposer les religieuses. Une cale de carénage, pour le radoub des navires, fut établie à cette époque, et le produit de la location fut destiné à l'hôpital. Plus tard, les armateurs des navires faisant la pêche de la morue, abandonnèrent au profit de l'hospice la première morue pêchée le dimanche. De plus, bon nombre de personnes charitables faisaient à l'hôpital de fortes aumônes.

En 1743, de nouvelles lettres patentes déterminèrent, d'une manière plus précise que ne l'avait fait l'assemblée de 1684, les diverses fonctions des administrateurs de l'hôpital. Ces lettres portaient que la direction spirituelle serait exercée alternativement par les curés de Sainte-Catherine et de Saint-Léonard. Ceux-ci devaient tour à tour desservir l'hôpital l'espace d'une année. Ces lettres portaient encore que, pour ce qui concerne le temporel, le bureau d'administration se composerait de l'évêque, des curés, du gouverneur de la ville, du lieutenant du roi, du vicomte d'Auge à Honfleur, du substitut du procureur général en la vicomté d'Auge, et enfin du maire et des échevins de Honfleur ;

ces directeurs étaient nommés à perpétuité. Il était encore prescrit que le conseil de la ville nommerait douze habitants des plus notables; que ceux-ci serviraient comme adjoints pendant deux ans, et qu'un de ces directeurs temporaires serait choisi parmi eux pour exercer les fonctions de receveur. Leur élection devait se faire tous les ans, le 16 août; la moitié de ces membres adjoints devait chaque année sortir du conseil.

En 1755, l'avenir de l'hôpital était l'objet des préoccupations de chaque jour. L'extension qu'avait prise cet établissement en avait accru singulièrement les dépenses, et bien que les revenus fussent déjà considérables, ils devenaient néanmoins insuffisants en face des besoins qu'éprouvaient journellement les pauvres et les infirmes de la ville.

Vers ce temps eut lieu la suppression de cette célèbre abbaye de Grestain qu'avait naguère fondée le pieux Herlevin de Conteville, seigneur de Honfleur. Monseigneur de Brancas était alors assis sur le siège épiscopal de Lisieux. Son petit séminaire étant pauvre, il conçut le projet de l'enrichir en le dotant de cette abbaye. A cet effet, il fit des démarches auprès du duc d'Orléans, qui était alors le seigneur de toute la contrée. De leur côté, les administrateurs de l'hospice de Honfleur ne restèrent pas inactifs ; ils prièrent le prince de s'intéresser à eux et de donner à l'établissement qu'ils dirigeaient une partie des biens qui appartenaient à ce monastère. Mais l'évêque de Lisieux avait fait les premières démarches. Le duc d'Orléans lui remit les biens conventuels de Grestain pour son petit séminaire. Pour l'hôpital de Honfleur, il reçut, à titre d'échange, les menses abbatiales et conventuelles du prieuré de Royal-Pré (1). Ces dispositions venaient d'être faites; mais l'abbé d'Anfréville, qui était alors titulaire de Royal-Pré, refusa formellement de livrer à l'hôtel-Dieu de Honfleur, les biens de son monastère. L'administration de l'hôpital n'en resta pas là. Elle voulut avoir quelques explications au sujet de ce refus de l'abbé d'Anfréville ; les explications furent données et la contestation se termina par un arrangement à l'amiable. Une transaction fut signée, elle était conçue dans les ter-

---

(1) Le prieuré de Royal-Pré, situé en la paroisse d'Angerville, avait été fondé en 1258 par saint Louis.

mes suivants : « *Le prieur jouira de la totalité des deux menses pendant sa vie et paiera à l'hôpital une somme de douze cents livres. Après sa mort, une rente de cinq cents boisseaux de blé, mesure d'Auge.* »

Toutefois de nouvelles difficultés surgirent.

L'hôpital du Havre avait obtenu, le 9 mars 1755, que le produit des barques passagères de cette ville à Honfleur serait à son profit. Depuis lors, l'hôpital de Honfleur ne cessa de réclamer la même faveur. Pourquoi n'aurait-il pas joui de ce privilége comme celui du Havre? Sa supplique fut entendue. Le roi, par un arrêt du 28 juin 1756, concéda pour les barques de Honfleur le même privilége que celui accordé aux voisins de la rive opposée. Les Havrais virent cette concession avec peine. L'hôpital du Havre prétendit faire concurrence aux bateaux de Honfleur; mais ces prétentions ridicules échouèrent contre un arrêt du 28 juin 1770. Louis XV, averti de ce qui se passait, ordonna que l'hôtel-Dieu de Honfleur aurait dans son port un privilége exclusif pour ses bateaux. Et même il statua que les navires appartenant à l'hôpital du Havre ne pourraient prendre cargaison avant que ceux de notre ville n'eussent effectué la leur. Cette ordonnance justifiait les réclamations de l'administration de l'hôpital de Honfleur. Cependant les Havrais voulurent avoir une explication à ce sujet ; elle leur fut de suite accordée. Une entente eut lieu entre les membres des deux établissements, et, depuis lors, une même communauté de vues n'a cessé de servir les intérêts communs de l'une et de l'autre administration.

Cette question de privilége venait d'être résolue. L'abbé d'Anfréville, prieur de Royal-Pré, mourut. L'évêque d'Orléans, qui conférait à la cour les bénéfices d'abbayes, concéda celui-ci à son neveu et coadjuteur, l'abbé de Jarente. Cette nomination donna lieu à un nouveau débat. Monseigneur de Brancas était toujours sur le siége de Lisieux ; il avait fait naguère un arrangement avec la municipalité de notre ville au sujet de l'hospice de Honfleur. D'après cet arrangement, les menses abbatiales et conventuelles du prieuré de Royal-Pré devaient revenir à notre hôpital à la mort de l'abbé d'Anfréville. Celui-ci n'étant plus, le moment était donc venu pour l'évêque de Lisieux de tenir sa promesse. La municipalité honfleuraise lui rappela cet ancien arrangement. Mais la réponse du prélat ne fut pas favorable à l'hospice de notre cité; c'est ainsi qu'elle était conçue : « Je me suis trompé en donnant mon consentement, attendu que, suivant le véritable esprit de l'Eglise, on ne doit point unir un titre ecclésiastique à un titre laïque; que ces sortes d'unions sont tout à fait contraires aux vues du clergé de France. » En entendant cette réponse, les administrateurs de notre hôpital furent complétement désappointés. Désormais qu'allaient devenir les pauvres? qu'allaient devenir les infirmes? et les religieuses qui les soignaient avec tant de désintéressement, comment allaient-elles remplir leurs grandes fonctions, sans les ressources suffisantes?

Remarquons que les revenus de l'hôpital étaient alors divisés en deux parts; la première, la plus importante, revenait aux pauvres; la seconde, la plus faible, était affectée au personnel de la maison; mais cette somme ne s'élevait qu'à 1,200 livres. Evidemment elle était insuffisante pour couvrir les dépenses de nourriture et d'entretien des religieuses.

Les difficultés croissaient toujours. La réponse du prélat lexovien avait jeté l'émoi dans la communauté des sœurs hospitalières de Honfleur. L'édit de 1770 devait mettre le comble à la détresse. Cette ordonnance, dictée par on ne sait quels motifs, prescrivait aux religieuses de ne recevoir à l'avenir aucune novice dans leur établissement. C'était jeter comme un voile de deuil et de mort sur la communauté ; c'était comme l'abattre et la faire périr. En effet, quand une jeune personne frappait à la porte de l'hôpital et demandait son admission au nombre des sœurs hospitalières, il était requis qu'elle apportât avec elle une dot et qu'elle la déposât entre les mains de la supérieure. C'était une ressource qui contribuait dans une certaine mesure à améliorer l'existence de ces filles dévouées et charitables. Mais, par suite de ce nouvel édit, cette ressource allait leur échapper. Ce ne seront plus que des revenus précaires qui serviront à faire vivre cette communauté.

L'état de dénuement dans lequel se trouvaient ces religieuses hospitalières s'aggrava de plus en plus. Le gouvernement de l'hôpital nécessitait des dépenses journalières. Comment ces pauvres filles pourraient-elles payer ces dépenses, elles qui ne possédaient que peu de ressources ?

De sorte que cet établissement avait, en 1772, contracté vis-à-vis des fournisseurs une dette de 1,500 livres.

Les créanciers refusèrent alors leur concours ; ils pensèrent que l'hospice n'était plus assez solvable, et ils prièrent les religieuses d'aller chercher ailleurs leurs vivres. Dire dans quel déplorable état se trouvèrent alors ces anges de la terre, serait quelque chose de vraiment navrant. Toutefois la force d'âme ne les abandonna jamais. Réduites à cette extrémité, ne sachant plus de quel côté se tourner pour trouver le nécessaire, les servantes des pauvres n'interrompirent point leurs travaux ; elles continuèrent leur mission avec un zèle tout héroïque. On put les voir prodiguer près des infirmes tout ce qui leur restait de forces, de courage et d'énergie. Le calme et la résignation ne les quittèrent pas un instant ; on eût dit qu'elles vivaient dans l'abondance, et cependant la pénurie et la misère les pressaient de leurs tristes étreintes. Elles dépensèrent jusqu'à leur dernier sou pour soigner les malades confiés à leur tendre sollicitude.

Les habitants de la ville furent instruits de

l'état déplorable dans lequel étaient plongées les sœurs hospitalières. Tout le monde fut ému ; on plaignit ces braves filles ; on voulait leur venir en aide. Ce fut le maire et les échevins de la ville qui firent les premières démarches. Plusieurs personnes charitables s'associèrent à l'administration et bientôt des ressources suffisantes furent déposées entre les mains de ces filles de la charité et du dévouement. Puis on se concerta sur les moyens qu'il fallait prendre pour que de pareilles anxiétés ne se fissent point sentir désormais.

Tandis qu'on délibérait sur cette grave question, des plaintes surgirent. Plusieurs personnes alléguèrent vivement que mettre des sommes considérables entre les mains des religieuses de l'hôpital, c'était les mettre entre les mains de filles imprévoyantes. Et même ces personnes ajoutèrent que c'était probablement l'imprévoyance qui avait tout dernièrement jeté la communauté dans cette grande pénurie. Evidemment, cette accusation était dénuée de toute preuve ; elle était fausse et calomnieuse. Les sœurs hospitalières furent facilement vengées de ce grief prétendu. On remarqua que le revenu affecté pour la nourriture et l'entretien des religieuses était de 1,200 livres, et que, sur cette somme, ces religieuses ne percevaient que 600 livres seulement. Or, le personnel se composait de vingt-trois sœurs hospitalières. Mais qu'étaient 600 livres pour vingt-trois personnes? Dès lors, il fut clairement démontré que la situation de ces religieuses était toute précaire, et qu'incontestablement elle devait être grandement améliorée. C'est pourquoi la municipalité se chargea d'aider la communauté à poursuivre son œuvre. Et il fut statué que si les ressources de l'hôpital venaient parfois à être insuffisantes, la ville compléterait de ses deniers privés ce qui serait reconnu nécessaire et indispensable pour le bien-être de l'établissement.

Cette affaire importante venait à peine d'être terminée, quand surgit une nouvelle difficulté.

L'abbé de Jarente était évêque d'Orléans ; la municipalité de Honfleur lui intenta un procès, dans le but de contraindre ce prélat à exécuter de point en point les engagements contractés par l'abbé d'Anfréville son prédécesseur. Pour réussir plus sûrement, elle s'adressa à monseigneur Condorcet, évêque de Lisieux, et au duc d'Orléans, et les pria de prêter leur appui et leur concours pour que cette affaire se terminât le plus tôt possible. L'abbé de Jarente ne put se refuser à un arrangement. Il s'inclina devant les éminents protecteurs de notre hôpital et il consentit à une transaction. Cet acte, qui porte la date de 1784, augmentait les revenus de l'hospice de Honfleur de 6,400 livres, non compris les revenus de la dîme de Blonville.

Cet établissement de charité se trouva dès lors dans un état de prospérité. Les ressources ne manquaient plus. Les religieuses pouvaient se livrer tout entières à leurs fonctions de dévouement. Les pauvres et les infirmes pouvaient trouver, dans leurs soins, un allégement à leurs misères et à leurs souffrances.

Mais un jour vint où la religion fut proscrite du sol de la France. Les prêtres furent chassés. Les religieuses du Seigneur n'eurent pas un meilleur sort. Il leur fallut quitter l'habit saint dont elles étaient revêtues ; il leur fallut sortir du monastère.

Les sœurs hospitalières de Honfleur subirent le sort commun. Elles furent astreintes à la prestation du serment civique. Mais cet acte blessait leur conscience. Les servantes des pauvres le refusèrent, à l'exception d'une seule qui ne put se résigner à s'éloigner pour toujours de l'hôpital. Ce refus solennel fut le coup de mort pour l'établissement. Le bureau de l'administration fut dissous. Les religieuses furent obligées de prendre la fuite. Voilà comment on récompensait les éminents services qu'elles avaient rendus.

La révolution passa comme toutes les choses humaines. Les servantes des pauvres gémissaient en secret. Leur œuvre semblait étouffée à tout jamais sous la dent meurtrière de l'hydre révolutionnaire.

Mais la paix revint, les sœurs hospitalières furent rappelées ; c'était en 1802. Il y avait près de quinze années que ces vertueuses filles des pauvres avaient quitté l'hôpital. Pendant leur absence, la municipalité avait été chargée de la direction de cet établissement. Et, aujourd'hui encore, chacun de nous sait avec quel dévouement ces religieuses d'Ernemont, qui ont pris la place des premières sœurs hospitalières, consacrent leurs forces et leur vie à soigner nos pauvres et nos infirmes.

II.

Lorsque madame Dubosc, première fondatrice de l'hôpital de Honfleur, fut descendue prématurément dans la tombe, ses trois compagnes, avons-nous dit, quittèrent cet établissement, qui par la suite devait être si prospère.

Au sortir de l'hôpital, ces pieuses filles vinrent s'établir ensemble dans une petite maison située rue Boudin. Là, dans cette solitude qu'elles s'étaient faite, elles s'exercèrent à suivre la règle fondée par le bienheureux Pierre Fourrier. Monseigneur Léonard de Matignan, évêque de Lisieux, fut averti de leur pieux dessein ; ce digne prélat s'empressa d'envoyer aux jeunes postulantes, deux religieuses de la maison de Bernay, afin de les former aux exercices et à la règle de la congrégation de Notre-Dame. Dès lors on put voir ces trois modèles se dévouer à l'éducation de la jeunesse.

Cette communauté naissante prit bien vite de l'accroissement. La maison de la rue Boudin devint trop petite. Les nouvelles religieuses la quittèrent et s'établirent rue du Puits (2 juillet 1651). Ce local qu'elles s'étaient choisi fut alors érigé en monastère. Monseigneur de Matignan, le gouverneur de Honfleur, le maire et les échevins de la ville donnèrent leur consentement au sujet de cette érection.

A partir de ce jour, la communauté put recevoir dans son sein toutes les jeunes personnes qui se présentaient avec le désir de se consacrer à Dieu et d'embrasser la vie religieuse. Deux vertueuses filles, appartenant à l'une des plus honorables familles de Honfleur, ne tardèrent pas à venir frapper à la porte du cloître et à demander modestement qu'on voulût bien les admettre au nombre des novices ; ces jeunes personnes étaient mesdemoiselles Renoult. On les reçut avec bonheur. Le noviciat était fondé par suite de cette admission. D'autres personnes, remarquables par leurs vertus, suivirent un si bel exemple, qui leur était donné par l'élite de la jeunesse honfleuraise. Aussi, ce monastère grandit-il promptement. Il devint, dans la suite, l'une des plus considérables congrégations de cet ordre.

Ces dignes religieuses jetèrent, vers le milieu

du XVIIIe siècle, les fondements d'une petite chapelle. Les travaux venaient d'être terminés lorsque survint la tourmente révolutionnaire. Les Augustines de Honfleur ne furent pas plus heureuses que les autres religieuses de France. Il leur fallut un jour abandonner le monastère où elles s'étaient vouées pour toujours au Seigneur. Il leur fallut se séparer.

La majeure partie des sœurs qui composaient cette communauté se trouvèrent dispersées ; la Révolution avait fait pour elles ce qu'un vent impétueux fait pour le sable de la mer ou pour les feuilles de l'automne ; ces religieuses rentrèrent toutes dans la vie privée. Leur supérieure, madame Beauny, dite en religion sœur de l'Annonciation, trouva un asile dans la famille de M. Forthomme, capitaine de navires au Havre. Dans cette nouvelle retraite, cette religieuse ouvrit un pensionnat. Plusieurs de ses compagnes l'y suivirent, et avec leur aide, elle dirigea cet établissement pendant huit années.

La France était redevenue calme. On était en 1801. Madame de l'Annonciation revint à Honfleur, mais elle ne retrouva plus sa chapelle! elle ne retrouva plus son monastère! Le vandalisme révolutionnaire avait tout détruit. Cependant la supérieure des Augustines ayant fait appel à celles qu'elle avait dirigées avant les jours de la Révolution, prit en loyer, pour neuf années, une maison rue de l'Homme-de-Bois. Cette femme forte s'y installa. Et, comme elle l'avait fait au Havre, elle ouvrit un pensionnat laïque pour les jeunes personnes. Cette maison d'éducation prospéra. Les élèves se présentèrent en grand nombre.

L'année suivante (1802), M. l'abbé Julienne, chapelain de l'ancien couvent, revenait de l'exil. Il ramenait avec lui un jeune prêtre, promu au sacerdoce au commencement de la Révolution, et compagnon de sa captivité sous le ciel d'Angleterre ; c'était l'abbé Noncelle. Cet ecclésiastique prit la direction spirituelle du nouveau pensionnat.

La maison d'éducation devint en peu de temps très-considérable. Monseigneur Brault, assis, depuis la réouverture des églises, sur le siége épiscopal de Bayeux, rétablit en 1821 l'ancienne congrégation. De sorte que le pensionnat, situé rue de l'Homme-de-Bois, devint avant tout un cloître, un monastère. A cet effet, trois religieuses appartenant à la communauté des Augustines d'Orbec furent dirigées sur Honfleur, avec ordre de procéder à la nouvelle érection. Ce fut le 25 septembre de cette année (1821) qu'elles prirent possession du couvent de Notre-Dame. L'abbé Noncelle fut nommé chapelain.

En 1843, la communauté jeta les fondements d'une nouvelle chapelle. La première pierre en fut posée le 30 mai; elle fut bénite par M. l'abbé Rivière, supérieur de cette congrégation. Plusieurs ecclésiastiques et M. Lachèvre, maire de Honfleur, assistaient à cette cérémonie.

Ce monastère a grandi comme l'arbre planté au bord des eaux. Il a semé tout autour de lui les bienfaits de son dévouement. De nos jours, il donne *gratuitement* l'instruction aux enfants de Honfleur moins favorisés de la fortune. C'est encore lui qui dirige l'orphelinat (1), et chacun de nous connaît à ce sujet son zèle éclairé.

III.

Puisque nous parlons dans ce chapitre des établissements importants de notre ville, qu'on

(1) Cet établissement a été construit en 1858.

nous permette de dire quelques mots du pensionnat communal de Honfleur, qui, par la suite, devait prendre le titre de collége.

A la fin du xviiie siècle, M. l'abbé Lefebvre, prêtre habitué à Sainte-Catherine, conçut le projet de fonder un établissement pour l'instruction des enfants pauvres de la ville. A cet effet, ce digne ecclésiastique donna une maison située rue de l'Homme-de-Bois, avec une somme de 1,200 livres. Dans sa donation, il stipulait que ce seraient des frères Saint-Yon qui dirigeraient cet établissement.

Cette dernière volonté du donateur ne fut pas exécutée. La ville affecta à un pensionnat communal la maison que donnait l'abbé Lefebvre. Elle loua un autre local et le destina à l'instruction primaire.

Le pensionnat communal de Honfleur fut longtemps sans prendre de l'accroissement. Cependant un jour vint où il sortit de l'état stationnaire, nous dirions presque, dans lequel il se trouvait depuis sa fondation. Il fut puissamment secondé par la ville. Et puis, faut-il le dire, au risque de blesser la modestie de celui dont nous voulons parler? un homme aux vues larges venait d'en prendre la direction. Dès lors ce pensionnat devint de plus en plus florissant. C'est pourquoi, quelques années après, le gouvernement, instruit de son état de prospérité, l'érigea en collége, par décret impérial du 5 juin 1854.

Mais ce pas que venait de faire notre établissement universitaire allait être décisif. Alors le collége de Honfleur se composait de 73 élèves dont 12 seulement étaient pensionnaires. Treize années à peine se sont écoulées depuis cette époque : le nombre des élèves a triplé. Honneur à la ville! honneur à ceux qui dirigent cet établissement! Au jour où nous traçons ces lignes, 170 élèves, dont 105 internes, fréquentent notre collége.

Ce développement rapide du collége de Honfleur a nécessité l'agrandissement du local primitif. En 1860 et en 1861, on a fait d'importantes constructions. Et de nos jours, cet établissement ne laisse pas plus à désirer sous le rapport de l'hygiène que sous celui de l'instruction.

IV.

Comme nous venons de le dire plus haut, la ville, après avoir consacré à l'instruction supérieure la maison que l'abbé Lefebvre, dans sa donation, destinait à un autre but, loua un local et l'affecta à l'instruction primaire. Mais cet état précaire ne pouvait durer longtemps. On changea plusieurs fois de local, et jamais celui qu'on choisissait ne se trouvait apte à remplir le noble but que l'on se proposait.

Les choses en étaient là, lorsque l'administration municipale de Honfleur qui précéda les événements de 1848 acheta un emplacement de terrain situé rues Barbel et Boulanger. En 1852, le maire de Honfleur, M. Luard, fit dresser pour ce terrain les plans de construction d'une vaste école. Les fondements en furent bientôt jetés; les travaux de maçonnerie s'élevèrent promptement, si bien que la maison d'école put être livrée en très-peu de temps et consacrée à sa louable destination. On peut donc dire que les volontés dernières de M. l'abbé Lefebvre sont maintenant exécutées. Des frères des écoles chrétiennes furent appelés par la ville pour prendre la direction du nouvel établissement, et, depuis ce jour, ils n'ont cessé d'inoculer au fond des cœurs de la jeunesse honfleuraise, l'amour du bien et de la vertu.

CHAPITRE X.

XVIIIᵉ SIÈCLE.

Le duc d'Orléans, qui possédait entre autres biens la seigneurie de Honfleur, descendit dans la tombe, le 9 juin 1701. De sa seconde épouse, Charlotte-Élisabeth de Bavière, il avait eu un fils : c'était PHILIPPE, DUC D'ORLÉANS, DE CHARTRES, DE VALOIS et DE MONTPENSIER. Celui-ci, à la mort de son père, hérita de la seigneurie de Honfleur.

Cependant Louis XIV portait ses vues ambitieuses sur le trône d'Espagne, sur ce trône où s'étaient assis avec tant de gloire, les Ferdinand et les Isabelle. Charles II venait de mourir sans laisser d'héritiers directs. Louis-le-Grand convoila sa couronne, et quand il envoya le duc d'Anjou prendre possession de ce royaume, il lui adressa cette parole qui résumait toutes ses espérances : « Il n'y a plus de Pyrénées! » Mais en voyant le roi de France joindre l'Espagne à ses domaines, l'Europe se leva comme un seul homme ; ce fut une coalition générale contre le grand monarque. Louis XIV leva des soldats en masse. Il ordonna aux Honfleurais de garder avec grand soin nos côtes, afin que les Anglais ne fissent pas une nouvelle descente. Pour répondre aux ordres du roi, on organisa sur notre littoral des compagnies qui furent appelées gardes-côtes. M. de Brèvedent de Saint-Nicolle fut nommé capitaine de la compagnie de Honfleur. La fortune, qui jusqu'alors avait souri si souvent au grand monarque de la France, sembla cette fois se tourner contre lui. Son armée éprouva plusieurs revers. Par suite de ces échecs, des impositions furent levées. En outre, le grand hiver de 1707 et la disette qui existait alors, firent régner parmi nous une affreuse misère.

Vers cette époque, un ministre protestant du nom de Stander, prêchait à Honfleur la doctrine de Luther et de Jansénius. Ses prédications jetèrent l'alarme dans les rangs des catholiques. L'évêque métropolitain de la Normandie, monseigneur d'Aubigné, fut averti des ravages que cet hérétique ambitieux faisait au sein de la population honfleuraise. A cette nouvelle, il fut vivement ému, et il avisa au moyen de réduire à néant le fanatique Stander. C'est pourquoi il convoqua les évêques de sa province à un synode qui devait se tenir à Honfleur. Remarquons en passant que ce synode est le seul que mentionnent les archives de notre ville. Les erreurs du disciple de Luther et de Jansénius furent condamnées. Il fut même enjoint à celui qui les soutenait publiquement de sortir de cette ville qu'il avait infectée des miasmes pestilentiels de sa fausse doctrine. Ceci se passait en 1708.

Depuis son échec dans sa guerre contre l'Espagne, Louis XIV n'avait pas cessé de sentir l'humiliation qui lui venait d'en haut. Car *Dieu seul est grand*, comme le dit, en 1715, l'éloquent Massillon, quand il prononça l'oraison funèbre de ce fameux monarque. Un prince mou et apathique allait ceindre sa couronne; il n'avait alors que cinq ans : c'était Louis XV.

L'année suivante (1716), le gouverneur de Honfleur mourait. Son gendre, Antoine-Alexandre de Matharel, hérita de son commandement. Mais la ville de Honfleur ne l'eut pas longtemps à sa tête, car il mourut en 1722.

Le commerce de notre ville était devenu florissant. Il avait pris un tel accroissement que notre port fut ouvert à la navigation avec les colonies. C'était un privilége qui n'avait été dévolu jusqu'à ce jour qu'aux grandes villes maritimes telles que Bordeaux, Rouen, Calais, Dieppe, etc.

A la mort du gouverneur de Honfleur, Alexandre de Matharel (12 mai 1722), son fils fut choisi pour lui succéder. Mais il n'avait guère que cinq ans. Sa mère essaya de s'emparer de la direction de la ville en qualité de régente, et elle prétendit gouverner à la place de son enfant. Le lieutenant de la cité ne voulut pas obéir à une femme ; à son tour, il prétendit gouverner la ville jusqu'à la majorité du jeune de Matharel. La dame du gouverneur défunt se plaignit ; le lieutenant protesta et le duc d'Orléans fut appelé à vider la querelle. Il donna gain de cause au lieutenant, qui s'empara de la régence.

Le duc d'Orléans venait à peine de faire cesser ce différend, quand la mort le surprit (25 décembre 1723). Il était d'une bravoure bien connue. Dans les dernières années du règne de Louis XIV, il avait combattu en Italie et en Espagne. Il laissait un fils, LOUIS D'ORLÉANS; ce fut celui-ci qui hérita de tous les biens de son père, et conséquemment de la seigneurie de Honfleur.

Cette même année (1723), un prélat dont l'histoire redira d'âge en âge à la postérité les grandes vertus et l'héroïque dévouement, passait par Honfleur (1); c'était monseigneur de Belsunce, évêque de Marseille. Il n'est personne qui n'ait entendu parler de la peste horrible qui ravagea, en 1721, cette ville des bords de la Méditerranée ; il n'est personne encore qui ne sache que le fléau fut arrêté grâce au dévouement du pieux évêque. Celui-ci avait fait un vœu à la Vierge si elle délivrait sa ville épiscopale de cette contagion désastreuse. Fidèle à sa promesse, il venait à Notre-Dame-de-Grâce de Honfleur remercier sa divine libératrice. Toute une foule était accourue pour le voir. Il resta

(1) Le 10 mai 1723, à 4 heures du soir.

cinq jours chez nous. C'est là un fait que les annales des R. P. capucins ont enregistré. Nous l'avons mentionné ici comme glorieux pour notre cité. Quand un prince de l'Église, quand un prélat distingué, comme l'était monseigneur de Belsunce, fait plus de deux cents lieues pour ensuite gravir pieds nus, le crucifix à la main, le chemin, alors tout raboteux, qui aboutit au sanctuaire vénéré dont s'honore notre ville, est-ce qu'un enfant de cette cité n'aurait pas droit à un orgueil légitime? Pourrait-il passer sous silence ce fait dont se glorifièrent les Honfleurais de 1723?

Onze années après (1734), Honfleur fut témoin d'une exécution capitale. Nous allons la faire connaître dans tous ses détails. La raison qui nous a déterminé à les mentionner ici est que cette exécution fut la première et aussi la dernière qui ait eu lieu en notre ville.

Alors le service de la diligence de Honfleur à Caen existait déjà. Ce service se faisait par la grève, c'est-à-dire par l'ancienne route dont le parcours a été décrit au commencement de cet ouvrage. Or il arriva qu'un des conducteurs de cette voiture publique fut victime d'une haine implacable; voici comment. Il avait pour ennemi juré un malfaiteur du nom de *Grand-Jean*. Celui-ci se mit un jour en embuscade au pied de la falaise de Saint-Siméon. Il attendit que la diligence vint à passer. Et, lorsqu'elle fut près de lui, il déchargea à bout portant sur le conducteur une arme à feu.

Le meurtrier fut pris de suite et condamné à être roué vif. Le lieu que l'on choisit pour l'exécution fut la place de la *Grande-Fontaine*, connue de nos jours, sous le nom de place *Hamelin*. Le criminel fut garrotté sur le terrible appareil, la face tournée vis-à-vis de la lieutenance, puis on mit la roue en mouvement. Il devait rester dans cette position jusqu'à ce que « mort s'en suive. » Les habitants de la ville, eurent pitié de ce malheureux ; les souffrances qu'il endurait les émurent profondément. Ils demandèrent par l'entremise d'un enfant, que l'on avait à cette occasion revêtu tout en blanc, la grâce du condamné ; ils supplièrent M. de Matharel de détacher la victime et d'accorder la liberté au coupable. Le gouverneur de la ville permit que *Grand-Jean* fût détaché de la roue, mais il ne voulut pas lui accorder sa grâce ; il ordonna qu'on ne prolongeât pas plus longtemps ses souffrances et qu'on le mit de suite à mort. A l'instant même, le bourreau chargé d'exécuter la sentence de la justice asséna trois coups de barres de fer sur la poitrine du meurtrier. Le corps du coupable fut porté hors des murs de la ville, et enterré la nuit suivante dans le lieu où le crime avait été commis (1).

En 1740, on créa un bailliage à Honfleur. Ce bailliage, qui avait beaucoup de rapport avec nos tribunaux actuels de première instance, était composé d'un lieutenant civil et criminel, de deux assesseurs et de deux greffiers.

A la mort de Louis d'Orléans, qui arriva en 1752, son fils, LOUIS-PHILIPPE D'ORLÉANS, lui succéda. Il fut pendant trente-cinq ans seigneur de notre ville.

Le commerce était toujours très-florissant à Honfleur. On avait précédemment réparé, creusé et agrandi le bassin de l'Ouest (ou Vieux-Bassin). De nombreux navires partaient alors pour les îles de l'Amérique, pour le Canada, Terre-Neuve et la côte de Guinée. En 1755, plus de cinquante

---

(1) Extrait d'un mémoire écrit par un témoin oculaire du fait (Archives de famille).

bâtiments partis de Granville, des ports de la Bretagne, du golfe de Gascogne et de la Méditerranée, vinrent à Honfleur déposer leurs chargements et en prendre d'autres.

Cependant la vase encombrait toujours notre port : le chenal n'était plus praticable. Les habitants se dévouèrent. Tous, sans exception, sans distinction de position sociale, descendirent dans la vase liquide, quelquefois jusqu'à la ceinture, et, malgré la rigueur de la saison, ils travaillèrent sans relâche à chaque marée de jour et de nuit. De si nobles efforts furent couronnés du succès mérité : le chenal fut rouvert, et le port devint de nouveau accessible.

Honfleur devait payer de fortes contributions. Mais, le 22 novembre 1756, un homme fut député de la ville pour demander au roi l'exemption de ces impositions. Cet homme, c'était M. Prémord, celui-là même auquel on a rendu plus tard un honneur public. Chacun de nous en effet, connait l'obélisque de Honfleur. Or, ce monolithe a été érigé dans le but de rendre hommage à la mémoire de M. Prémord, pour tous les bienfaits que cet homme éminent avait rendus à la ville. Ces bienfaits sont avant tout la démarche que ce citoyen vertueux fit en l'année 1756 auprès des ministres du roi de France, pour obtenir l'exemption de toutes les tailles en faveur de ses concitoyens. M. Prémord réussit au-delà de toute espérance, et par une charte datée du 22 novembre, Honfleur fut déchargé de toutes contributions. La ville fut reconnaissante de ce bienfait. Elle manifesta le désir de payer les impositions de M. Prémord. Mais celui-ci, dont l'âme était grande, s'y refusa, faisant preuve du plus noble désintéressement. Si les bornes de cet ouvrage étaient plus étendues, nous ne pourrions nous empêcher de consacrer ici quelques lignes à la mémoire de cet homme de bien ; mais nous ne voulons pas être long, et d'ailleurs le monument que les Honfleurais reconnaissants lui ont érigé parlera toujours plus haut que ne le pourrait faire la plume de l'écrivain, si éloquente qu'on puisse la supposer.

L'année suivante (1757), cinquante-six navires honfleurais, qui étaient sortis pour effectuer des voyages dans les îles d'Amérique, furent attaqués par les Anglais. Vingt-huit de ces navires tombèrent au pouvoir de l'ennemi ; leur équipage, qui était de 541 personnes, fut pris pareillement.

Lorsqu'eut lieu, au commencement de ce siècle, la guerre de la succession d'Espagne, des gardes-côtes avaient été constitués sur notre littoral, dans le but d'empêcher toute descente de nos voisins d'Outre-Manche. On allait avoir recours au même moyen. La guerre de sept ans était commencée. La France et l'Angleterre étaient sous les armes. Des gardes-côtes furent rétablis sur le littoral honfleurais. Ce que l'on prévoyait arriva ; en effet, les Anglais vinrent mettre le siége devant le Havre et les 4 et 5 juillet 1759, cette ville fut bombardée. Quand les Honfleurais virent la cité de François Ier assiégée, ils se mirent en état de résister à l'ennemi. M. de Berville, garde d'artillerie à Rouen, expédia mille fusils à Honfleur. Cette fois, la vieille cité normande fut épargnée; l'Anglais ne vint point. En 1763, la paix fut signée. La France était humiliée et l'Angleterre victorieuse. Il y avait sept ans que la guerre durait, il y avait sept ans que nos gardes-côtes avaient été constitués. La guerre une fois terminée, ils devenaient inutiles ; aussi furent-ils licenciés.

L'année même qui vit la fin de ce combat de sept ans entre les deux nations fut celle de la mort de M. de Matharel, gouverneur de Honfleur. Il y avait quarante ans qu'il exerçait cette fonction. Son administration avait été douce et bonne. Il emporta avec lui les regrets unanimes de la population honfleuraise. Ce fut le dernier gouverneur qui habita notre ville, et encore est-il qu'il alla terminer ses jours dans sa terre de Cesny-aux-Vignes.

A peine quelques jours de calme avaient-ils lui pour Honfleur, que l'administration songea à l'agrandissement du port. On construisit (1768) un bassin qui fut appelé tout d'abord le Havre-Neuf, et qui de nos jours est désigné sous le nom de bassin du Centre. La ville s'imposa pour une somme considérable afin de creuser ce nouveau bassin. Celui de l'Ouest (Vieux-Bassin) fut en même temps agrandi.

Quatre années plus tard (1772), un éboulement considérable eut lieu sur la côte de Grâce. Depuis plus de deux siècles, la mer minait constamment les terrains de ce côté du rivage, et tendait à élargir l'entrée de la baie de la Seine. Le 26 janvier de cette même année, un bruit sourd, semblable à celui d'un tonnerre lointain, se fit entendre au milieu de la nuit; la terre trembla, et une partie de la falaise, ébranlée par le choc, s'affaissa et croûla sur les bords de la rive. En même temps, un autre phénomène avait lieu en mer, et trois vastes bancs cailouteux apparaissaient à l'embouchure de la Seine.

Après un règne de près de soixante ans (1773), Louis XV allait rejoindre le grand roi, son aïeul, au fond de la tombe. A peine la nouvelle de sa mort fut-elle répandue au milieu de la population honfleuraise, qu'une dispute de préséance s'éleva entre l'autorité municipale et les juges de la vicomté. Quillet des Faudes, lieutenant au bailliage de la ville, s'empressa de faire retentir le glas funèbre pour annoncer au public que le roi de France n'était plus. Le maire de Honfleur, M. Liétout, prétendit que le droit de faire sonner les cloches à la mémoire du monarque défunt appartenait à lui seul. Aussi dépêcha-t-il à l'instant vers le sonneur de chacune des églises pour les empêcher de continuer. Pendant que le maire avait recours à ce moyen, Quillet des Faudes envoyait des huissiers qui poussèrent de force les sonneurs à lancer de nouveau leurs cloches. Le maire se plaignit vertement; de son côté, il expédia des hommes qui mirent hors de l'église les sonneurs et les huissiers et qui mirent eux-mêmes les cloches en branle.

Le prince que sa naissance appelait à supporter le fardeau de la couronne, était âgé de vingt ans. Il avait toutes les vertus de saint Louis, moins la fermeté, la prévoyance et la force. A ses côtés, une jeune reine, parée de tout l'éclat de la beauté et de la grâce, rappelait par la grandeur de son âme le souvenir de sa mère, Marie-Thérèse. La faveur populaire environna pendant quelques temps le nouveau roi et sa jeune épouse.

A peine le vertueux Louis XVI venait-il de ceindre son front du diadème royal, qu'il s'occupa de faire avancer les travaux du nouveau bassin qu'on creusait à Honfleur. A cet effet, il envoya dans notre ville des détachements qui furent pris dans les régiments de Conti, de la Reine et de Berwick. Le casernement de toute cette milice de guerre devint, pour l'autorité municipale et les habitants, un objet sérieux d'embarras et une source continuelle de tracasseries. Comme le nombre des détachements augmentait chaque jour, on n'eut bientôt plus assez de logements dans la ville ; on prit donc le parti de diriger dans les communes environnantes 200 de ces militaires. Les religieuses Augustines furent contraintes à fournir 88 lits.

Ce fut à cette époque que M. l'abbé Lefebvre gratifia la ville de la maison dont nous avons parlé à la fin du chapitre IX. Son exemple fut suivi par un autre ecclésiastique. M. l'abbé Paulmier donna une maison située rue aux Chats, stipulant que cet établissement serait dirigé par des religieuses.

En 1783 et en 1784, deux routes royales furent confectionnées. L'une partait de Honfleur et se dirigeait vers Pont-Audemer. L'autre devait joindre notre ville à Lisieux. De chaque côté de cette dernière voie, on planta, depuis Honfleur jusqu'au sommet de la côte d'Équemauville, les deux magnifiques avenues que nous admirons encore aujourd'hui. On donna à ce boulevard honfleurais le nom de cours d'Orléans, en souvenir de ce que l'un des côtés de cette belle et souriante promenade avait été planté aux frais du duc d'Orléans.

À cette même époque, les murs des anciens remparts attenant à la porte de Caen interceptaient la communication entre le bassin de l'Ouest, la jetée dite du milieu et le quai de la Planchette. Pour faciliter le service du port, on songea à les abattre. Il fut même question de faire disparaître l'hôtel du lieutenant du roi, situé, comme nous l'avons dit plus haut, sur l'emplacement des fortifications avoisinant la porte de Caen. Cette résidence princière, et qui sert aujourd'hui de logement à l'ingénieur des Ponts et Chaussées, avait été abandonnée, en 1629, à la ville de Honfleur, par la maison de Montpensier. Par un acte, en date du 5 août 1785, passé entre la ville et les officiers du duc d'Orléans, la démolition immédiate de ces vestiges de nos luttes anciennes fut ordonnée. Il s'agissait de construire, sur leur emplacement, un quai de hallage pour relier d'abord la jetée du milieu avec le Vieux-Bassin. Les ressources de la ville n'ayant point permis d'entreprendre de suite les travaux projetés, l'exécution en fut différée ultérieurement.

Deux années après (1786), la ville de Honfleur avait le privilége et l'insigne honneur de voir dans ses murs son bien-aimé monarque. Louis XVI, qui revenait alors de Cherbourg, allait voir le Havre ; c'était le 27 juin. La ville de Honfleur fit de grands préparatifs pour recevoir dignement l'époux de la pieuse Marie-Antoinette. A l'entrée de la ville et au centre de la belle avenue naissante, désignée aujourd'hui sous le nom de cours d'Orléans, l'administration municipale avait eu l'heureuse idée d'élever un arc de triomphe et d'étaler de riches draperies dans tous les endroits de la ville que devait parcourir le cortège royal. A l'extrémité de la jetée de bois, dite jetée du milieu (1), la municipalité avait également fait construire un kiosque d'une remarquable élégance. La vue générale du port était admirable. Tous les navires, très-nombreux ce jour là, avaient déployé leurs riches pavois, et offraient un spectacle grandiose et imposant. Du port à l'arc de triomphe, était échelonné un détachement de cent hommes du régiment de Navarre ; à ce détachement s'étaient joints cent jeunes gens de la ville, en tenue de fantaisie. Cette milice composait l'escorte royale. Ce fut vers midi que le vertueux

(1) En 1862, cette jetée a été reconstruite entièrement en maçonnerie.

Louis XVI fit son entrée dans la ville de Honfleur. A ce moment une vive canonnade fut tirée du port ; elle annonçait aux habitants la présence du monarque. Louis XVI fut reçu sous l'arc de triomphe par le maire, les échevins et l'ingénieur du port, M. Cachin. Plusieurs personnages de haute distinction s'étaient rendus à Honfleur afin de saluer le fils de saint Louis et de l'accompagner jusqu'au moment de son embarquement pour le Havre. Ces illustres visiteurs étaient : le gouverneur de Normandie, le duc d'Harcourt-Beuvron et l'intendant de Villedeuil. Une fois la réception officielle terminée, le cortége royal se mit en marche; une foule immense était placée sur deux rangs. Malheureusement on ne put jouir longtemps à Honfleur de la présence de Louis XVI. L'heure de la marée s'avançait et la mer perdait beaucoup. Le maréchal de Castries qui présidait à l'embarquement vint prévenir le roi qu'il eût à se hâter. Mais le souverain de la France ne voulut point se séparer de la population honfleuraise sans la remercier de cette brillante réception qu'elle venait de lui faire. Il adressa aux membres principaux de la ville quelques paroles de félicitation.

Puis il se tourna vers la foule groupée sur le bords des quais et il la salua avec noblesse et dignité. Ce fut un moment bien solennel, et le souvenir de cette visite royale resta longtemps gravé dans la mémoire de ceux qui en furent les témoins.

Après ces touchants adieux, le monarque monta le canot qui devait le conduire au bâtiment disposé pour le recevoir, et il s'éloigna du port aux acclamations de la population tout entière.

Le bateau royal était arrivé sous Grâce. Alors le ciel se couvrit d'un nuage épais, des rafales de vent s'élevèrent, la pluie tomba en abondance, le trajet devint périlleux. Les Honfleurais étaient encore, en grand nombre, restés sur le port. Ils suivaient du regard le navire qui portait leur souverain. Peut-être adressaient-ils pour la plupart des prières au ciel, afin que le royal visiteur effectuât son trajet sans éprouver aucun accident. Enfin, grâce à l'habile manœuvre de Jean Lecoq, Louis XVI arriva heureusement au Havre.

Nous ne dirons pas comment ce prince fut reçu dans cette ville. Ce récit ne fait aucunement partie de notre sujet; cependant, il est une circonstance qui se trouve mêlée si intimement à l'histoire de notre cité, qu'il nous est impossible de la passer sous silence. D'ailleurs, elle est une gloire pour Honfleur. Les Havrais s'efforçaient par tous les moyens en leur possession de discréditer le port de Honfleur. La navigation, disaient-ils, était impraticable du côté sud de la baie à cause du déplacement continuel des bancs de sable. Il y avait alors parmi les marins honfleurais un navigateur hardi et expérimenté: c'était un vrai loup de mer. Jean Lecoq (c'est ainsi qu'il s'appelait) conçut le dessein de faire tomber toutes ces allégations mensongères, en se présentant devant le conseil de la marine et en lui démontrant, en praticien consommé, que les Havrais discréditaient à tort notre navigation. Puis il étala sous les yeux de ce conseil, un plan qu'il avait lui-même conçu. Ensuite, il demanda qu'on lui permît de mettre à exécution le plan qu'il proposait. On écouta ce pilote renommé sans le contredire; mais on était si sûr qu'il ne réussirait pas, qu'un plein et entier consentement lui fut donné. C'était ce que demandait Jean Lecoq. Vite il monte un bâtiment appartenant à l'État. Il suivit le tracé qu'il avait soumis et manœuvra si adroitement qu'il conduisit cet important navire dans le bassin de l'Ouest. Mais comme nous touchions à l'époque de la morte-eau, Jean Lecoq profita de cette circonstance pour remporter une victoire complète. Ce n'était pas assez pour lui d'avoir entré la frégate royale dans notre port, il voulut de suite la ressortir. Il y réussit à merveille. Une foule immense était là applaudissant le brave marin. Jean Lecoq reconduisit la frégate là où il l'avait montée. Cette mémorable entreprise, couronnée du succès le plus complet, déconcerta les Havrais, et, depuis lors, ils n'ont jamais allégué les difficultés du port de Honfleur. Louis XVI récompensa le marin honfleurais en le gratifiant d'une pension de 300 livres.

En 1787, LOUIS-PHILIPPE D'ORLÉANS, qui possédait pour lors les biens dont se composait la seigneurie de Honfleur, mourut à Paris; il laissait pour héritier son fils aîné, LOUIS-PHILIPPE-JOSEPH.

Cette même année 1787, Honfleur recevait la visite de l'archiduchesse Christine, sœur de la reine Marie-Antoinette, et femme du duc de

Saxe-Teschen. Ce fut là le dernier voyage de princes à Honfleur avant la Révolution. Mais celui-là même que les Honfleurais avaient reçu avec des acclamations mille et mille fois répétées de joie, de bonheur et d'enthousiasme, commençait à perdre sa popularité. Un nuage épais se formait. Dans les esprits français fermentait je ne sais quel désir d'un bien-être inconnu. Le peuple ne se sentait pas assez libre. Il se trouvait trop au-dessous de la noblesse. Il voulait devenir son égal. Les têtes s'échauffaient ; la Révolution française commença : c'était en 1789.

Le 5 mai de cette année, les États généraux du royaume s'ouvrirent à Versailles. Quelques jours après, l'Assemblée nationale Constituante se forma ; elle était en grande partie composée par les députés du Tiers-État. Puis eut lieu le serment du Jeu de Paume; puis la prise de la Bastille. L'Assemblée nationale rédigea une constitution nouvelle (1790). La Révolution faisait de rapides progrès. L'éclair avait jailli ; le tonnerre allait bientôt gronder.

Pendant ce temps, que se passait-il à Honfleur? Les habitants de cette vieille cité entraient-ils dans les idées nouvelles? Trempaient-ils dans la coalition qui se formait contre le monarque?

A l'époque de l'histoire où nous en sommes arrivés, c'est-à-dire en 1789, il n'y avait à vrai dire à Honfleur que deux partis en présence, et encore tous deux étaient-ils sincèrement attachés à la royauté. Cependant, on désirait une monarchie constitutionnelle.

Mais les troubles partis du milieu de la capitale de la France vinrent un jour frapper aux portes de notre cité. La bourgeoisie de Honfleur désirait des réformes sérieuses. Elle rédigea alors un mémoire de condoléance dans lequel, sans engager l'état présent des choses, elle manifestait franchement son opinion. Ce manifeste fut signé par les délégués du peuple et de la bourgeoisie (1).

(1) Ces délégués étaient : MM. Lacroix-Saint-Michel, Picquefeu de Bermont, Delauney, Le Bouteiller, P. Moulin, Toutain, Brunet, Quesney, Quillet de Fourneville et Lecerf. Les délégués reconnaissaient en principe une royauté constitutionnelle; Ils demandaient en outre le retour périodique des États généraux, lesquels, disaient-ils, seraient chargés de toutes les matières relatives à la quotité, à la nature et à la perception des subsides ; à la législation et à l'administration du royaume. A cette énumération générale, ils ajoutaient : « Que la vénalité des charges fût supprimée; que les abus relatifs à l'administration de la justice cessassent; qu'une ligne certaine de démarcation fût établie entre l'autorité administrative et judiciaire; que, pour diminuer le nombre des procès, il fût établi des juges conservateurs de la paix dans les campagnes; qu'un système décentralisateur fût établi; que la liberté personnelle des citoyens fût mise à l'abri de toute

La tourmente révolutionnaire grandissait toujours. Honfleur en ressentait de plus en plus le contre-coup. A mesure que les idées nouvelles faisaient un pas de plus parmi nous, les ressources s'affaiblissaient. Bientôt notre ville ne put faire face aux dépenses que nécessitait son entretien journalier. C'est pourquoi l'administration municipale, pour se tirer d'embarras, créa sur l'hôtel-de-ville quelques rentes viagères et perpétuelles. Mais ces revenus étaient par eux-mêmes bien trop faibles pour satisfaire aux exigences des créanciers ; on fut donc obligé d'avoir recours à de nouveaux emprunts. Mais l'argent devenait rare et les prêteurs le devenaient encore plus. Ce fut donc avec une peine

atteinte abusive; qu'il fût établi un impôt progressif sur le luxe; que toutes les douanes fussent reportées à l'extrémité du royaume; que toutes les gênes qui arrêtent l'essor de l'agriculture et du commerce fussent abolies ; que toute imposition présentant le danger de l'arbitraire fût supprimée; qu'il fût pourvu à la meilleure administration possible des forêts, à l'encouragement des plantations, à la découverte et à l'exploitation des mines de charbon de terre; que les loteries fussent interdites ; que les impôts de la gabelle et des aides (octroi et régie) fussent supprimés et que les subsides qui les remplaceraient s'éteignissent aussi au fur et à mesure de l'extinction de la portion de la dette publique à laquelle ils auraient été affectés; que les droits de contrôles fussent fixés d'une manière invariable; que les dîmes fussent restreintes aux grosses dîmes (fermages) avec abolition absolue de toutes dîmes navales et insolites; que les impositions fussent assises sur la propriété; que les colombiers fussent supprimés, le port du fusil permis, l'intérêt du commerce sauvegardé et le droit de chasse accordé à tous les citoyens. »

Ce programme politique porte la date du trois avril mil sept cent quatre-vingt-neuf (*Extrait des Archives de Honfleur*).

inouïe que l'administration sortit de cette embarrassante position.

Souvent les épreuves s'ajoutent aux épreuves, c'est ce qui arriva pour la ville de Honfleur. A peine fut-elle libérée de ces obligations, que de nouvelles difficultés surgirent devant elle comme une montagne. Le blé était cher, et la disette commençait à se faire sentir d'une façon alarmante. Les Honfleurais se préoccupèrent alors de l'avenir ; ils se demandèrent comment ils pourraient faire face aux dépenses. Le manque de vivres dans notre vieille cité était tel, que nos concitoyens, malgré leur probité bien connue, se sentirent comme forcés à s'emparer d'un navire à destination de Paris et qui était chargé de blé. Le capitaine fit de grands efforts pour empêcher cette tentative d'une population furieuse ; ce fut inutilement. Necker fut averti de ce fait, et il adressa sur le champ de vifs reproches à l'administration honfleuraise; il se plaignit surtout du peu de fermeté et de zèle dont la municipalité avait fait preuve en cette circonstance. Toutefois, la lettre du ministre était conçue dans des termes tellement vagues et indécis qu'elle laissait facilement entrevoir l'état chancelant du gouvernement d'alors. La municipalité s'en aperçut et elle laissa sans réponse la lettre ministérielle. Les choses en restèrent là. Le gouvernement n'osa pas poursuivre davantage.

D'ailleurs, de graves événements se préparaient. La capitale de la France était en proie à une lutte entre la royauté et la république. Les cris de : Vive la Liberté! retentissaient à chaque instant au sein du vieux Paris.

La province fut l'écho de cette ville, et le premier cri de liberté qui fut répété à Honfleur produisit parmi le peuple un véritable délire.

Il y eut alors dans notre ville des réunions politiques. Toutes les classes de la société honfleuraise voulurent y être admises. Chacun voulait avoir la présidence dans ces assemblées. Tout le monde proposait, tout le monde discourait, personne ne s'entendait.

Il est bon cependant de faire remarquer que les habitants de Honfleur, à quelques exceptions près, se montrèrent, en général, bien moins exaltés que beaucoup de nos villes de province. Honfleur, il est vrai, eut bien son moment de surexcitation populaire ; mais cette ardeur se calma bientôt. Plusieurs personnages notables de la localité se présentèrent au sein de la réunion, et avec l'aide de ces honorables citoyens, la Société des Amis de la Constitution put s'occuper des intérêts de la cité.

Sur ces entrefaites, l'Assemblée Constituante poursuivait ses travaux. Un des premiers actes de ce corps politique fut de diviser la France en départements. Cette décision du gouvernement souleva, relativement à Honfleur, une longue et vive discussion, et, il faut le dire ici, les causes les plus justes ne furent pas toujours celles qui obtinrent le plus de succès.

Honfleur, par sa position intéressante sur la baie de la Seine et par l'importance qu'aurait pu acquérir son commerce, pour peu qu'on eut réalisé certaines améliorations reconnues nécessaires, eut dû, plutôt que beaucoup d'autres villes, devenir une sous-préfecture. Mais parmi les représentants de la contrée à l'Assemblée Constituante se trouvait un homme hostile aux intérêts de notre ville ; ce personnage célèbre n'était autre que Thouret. Celui-ci avait reçu le jour à Pont-l'Évêque ; aussi, désirait-il vivement que sa terre natale, plutôt que Honfleur, devînt un chef-lieu d'arrondissement.

Voyant que Honfleur avait perdu tout espoir de devenir sous-préfecture dans le département du Calvados, on parla fortement de l'incorporer au département de l'Eure. Plusieurs raisons militaient en faveur de cette nouvelle décision. D'abord, la position topographique de Honfleur semblait tout naturellement indiquer cette ville comme devant appartenir de préférence à ce département ; une autre raison, c'est que l'Eure ne possédait aucun port de commerce (nous parlons de port maritime important) ; d'où il suit que ce département avait tout intérêt à recevoir notre ville au nombre de ses clientes. Une pétition fut adressée à Paris, dans le but d'obtenir, de l'Assemblée Constituante, le décret de transfert vivement désiré par la population entière. Plusieurs personnages notables signèrent cette pétition. En outre, deux délégués furent députés vers la capitale afin d'appuyer cette demande ; mais toutes ces démarches furent infructueuses. Des influences rivales étaient exercées contre nous auprès des membres de l'Assemblée. Le Havre était là! Il avait ses députés qui déblatéraient contre notre ville, et qui voulaient se venger de l'échec de 1786.

Bernay fit aussi son opposition. Cette ville députa plusieurs de ses membres afin d'apporter également, contre nos intérêts, son contingent d'influences. Ceux-ci avaient il est vrai peu de choses à dire contre nous, sauf que notre port paraissait en mauvais état. Cependant nous eûmes des voix amies ; Pont-Audemer plaida notre cause. M. Revers, curé de Conteville, appuya lui aussi notre demande. Malgré tout cela, la proposition fut rejetée ; Honfleur fut écarté du nombre des sous-préfectures, et les villes voisines triomphèrent. Aujourd'hui encore, les Honfleurais se demandent avec étonnement pourquoi il en fut ainsi. Quand on songe que Pont-l'Évêque n'est, somme toute, qu'une bien pauvre ville auprès de Honfleur ; qu'elle a comme un aspect de mort, tandis que la nôtre est souverainement active, on reconnaît facilement que ce refus a été marqué au coin de la jalousie.

La Révolution marchait avec le vol rapide de l'aigle. Le Christianisme était comme frappé à mort. Des voix sourdes mugissaient contre lui. On criait à bas les prêtres ! Mais le clergé tenait la tête haute; il parlait toujours de Dieu à son peuple. C'est ce que fit l'évêque de Lisieux auquel étaient soumis les Honfleurais. Voyant que les idées nouvelles poussaient de profondes racines dans le cœur des fidèles confiés à sa tendre sollicitude, ce digne prélat composa un mandement pour arrêter parmi les siens l'élan révolutionnaire; mais le mal était trop avancé. Cet acte déplut grandement à la haute administration, et on interdit dans tout le diocèse la publication de la lettre épiscopale.

Un auteur sacré a dit qu'un abîme appelle un autre abîme. On avait arrêté le mandement du prélat lexovien. C'était un premier pas dans la voie de l'antichristianisme, et cependant c'était un bien grand pas. Maintenant on va s'attaquer aux capucins. Il y avait plus de cent cinquante ans que ces dignes religieux faisaient le bien parmi nous; on ne pouvait citer à leur sujet que des actes de bonté, de charité et de dévouement. Or, les choses en sont venues à ce point, qu'on va forcer ces hommes vraiment magnanimes à livrer leur bibliothèque à l'inspection des hommes de loi. Inutile de dire que l'on ne trouva chez eux que des livres ascétiques. Ces bons pères en effet ne vivaient que pour Dieu. A cette première inquisition succéda bientôt celle des églises. On les inventoria comme le couvent des capucins. Mais le clergé honfleurais a toujours passé pour un clergé d'élite (1). Nos prêtres subirent tout sans se plaindre. Comme le Crucifié, pas une parole de murmure n'expira sur leurs lèvres.

Pendant qu'une partie du peuple faisait cause commune avec la soldatesque révolutionnaire, des fêtes nationales se préparaient en l'honneur du régime nouveau. Bon nombre de femmes, oublieuses de leur mission à l'égard de la famille, abandonnèrent le foyer domestique pour se mêler à ces hordes sanguinaires et partager avec elles l'enivrement des passions populaires. Poussées par un zèle outré, elles venaient grossir la foule ameutée ; elles communiquaient leur délire à leurs maris, leurs pères et leurs enfants. Et comme tous les titres commençaient à se confondre dans celui de citoyen, plusieurs femmes de la bourgeoisie honfleuraise se firent bientôt remarquer par leur enthousiasme à se draper

---

(1) Paroles de monseigneur Didiot, évêque de Bayeux et Lisieux, annonçant au clergé de son diocèse la mort du bien-aimé M. Rivière, son grand vicaire. M. Rivière avait été curé de Sainte-Catherine de Honfleur.

de ce titre d'égalité, qu'elles considéraient comme une des gloires de l'époque.

Le 14 juillet 1790, était l'anniversaire de la prise de la Bastille. En ce jour, toute la France solennisait la splendide fête de la Fédération. Honfleur suivit l'exemple général. Il célébra, par des dispositions toutes particulières, cette grande réjouissance nationale. Un édifice dédié à l'Éternel et à la Patrie, était bâti vers le haut de la place d'Armes. Il était décoré par les citoyens de la ville. Quatre colonnes, ornées de fleurs et de feuillages, supportaient un entablement relevé de guirlandes; ces colonnes environnaient le péristyle. Des drapeaux de diverses couleurs flottaient sur le sommet de ce temple improvisé. Une palissade aboutissant aux marches conduisait à l'autel, sur lequel on lisait les épigraphes suivantes :

GREX, LEX, REX.
Vive la Nation, Vive la Loi, Vive le Roi,
Vive la Liberté.

Ce fut sur cet autel, disposé pour la circonstance, que l'on bénit les drapeaux. A voir l'enthousiasme de la foule assemblée autour de ce monument national, on eût dit que des jours de bonheur allaient luire et que la population était ivre d'espérance. Mais l'ardeur se refroidit bientôt en face des événements qui suivirent.

Lacroix-Saint-Michel, maire de Honfleur, mécontent de la tournure que prenaient les affaires, donna sa démission. La ville songea à lui donner comme successeur M. Picquefeu de Bermont, mais celui-ci n'accepta pas. On procéda alors à une nouvelle élection et M. Cachin fut nommé maire.

La ville était toujours en instance pour obtenir l'établissement d'un chef-lieu de sous-préfecture. Un mémoire fut rédigé à cet effet et présenté à l'Assemblée nationale ; il était ainsi conçu :

« Le port de Honfleur fournit aux habitants
« du Havre presque toutes les denrées néces-
« saires à la vie. Il a été, jusqu'à ce jour, l'en-
« trepôt des sels destinés à l'approvisionnement
« de la capitale, ce qui donne lieu à une naviga-
« tion annuelle de deux cents navires, unique-
« ment employés à cet objet.

« On expédie de Honfleur un grand nombre
« de vaisseaux pour la traite des noirs, pour les
« voyages de l'Amérique, pour le banc de Terre-

« Neuve ainsi que pour le grand et le petit cabo-
« tage. »

Cette supplique ne fut pas accueillie plus favorablement que les précédentes. On trouva sans doute que la ville était assez riche de son commerce maritime, et que par conséquent elle pouvait bien se passer de sous-préfecture. On proposa ensuite de réunir notre vieille cité au département de l'Eure. Cette fois encore la question fut écartée. Le venin que distille la jalousie est de lui-même si mortel !

Quelques jours après (10 novembre 1790), des démarches furent tentées par M. Allais, curé de Sainte-Catherine, et M. Boudin, curé de Saint-Léonard, dans le but d'obtenir que le couvent des pères capucins fut conservé à Honfleur. La suppression de ce corps religieux, disaient ces vertueux prêtres, priverait la ville des secours importants qu'elle retire de la part des capucins. Cette démarche n'obtint pas l'assentiment de l'Assemblée nationale. D'ailleurs, ces religieux devaient plus tard refuser le serment qu'exigeaient les révolutionnaires. Dès lors, ils durent quitter leur maison et le pays où ils avaient semé tant de bienfaits. Aussitôt après leur départ, le couvent fut vendu comme propriété nationale.

La Révolution, jusqu'à ce jour, avait suivi une ligne de conduite à peu près digne. Le peuple, qui désirait des réformes, avait chaleureusement acclamé le nouveau régime. Mais des bruits sourds se faisaient entendre déjà contre la religion et ses prêtres. Au mois de janvier 1791, le gouvernement exigea des ecclésiastiques le serment civique. Quand on apprit à Honfleur cet acte de la Révolution, on fut vivement ému, car les prêtres étaient aimés. Les ecclésiastiques de notre ville se montrèrent grands et magnanimes en présence d'un pareil décret. Leur conscience leur disait assez haut qu'obéir en cela au gouvernement serait désobéir au Dieu qu'ils servaient. Ils refusèrent donc le serment prescrit. Il y en eut trois cependant qui furent assez pusillanimes pour ne pas suivre un si bel exemple.

Le 8 avril 1791, un service funèbre fut célébré à Honfleur, à la mémoire du célèbre Mirabeau. Le corps entier de la municipalité, le tribunal de paix, un détachement de la garde nationale et les amis de la Constitution se rendirent à l'église Sainte-Catherine pour y chercher le clergé séculier et les capucins. De là, on se rendit sur la place d'Armes, où le service devait être célébré.

Au milieu de cette place, un autel funéraire était élevé. Sur cet autel, on avait déposé une urne sépulcrale, ornée d'une couronne civique. L'ensemble de ce monument, par sa forme, rappelait un tombeau romain. M. Delarue, curé constitutionnel, fut choisi pour célébrer l'office; aucun discours ne fut prononcé.

L'évêque de Lisieux avait refusé le serment. Il en avait été de même de celui de Bayeux.

Un mois et demi après le service funèbre que les Honfleurais célébrèrent à la mémoire du grand Mirabeau, Claude Fauchet, évêque constitutionnel du Calvados, arriva dans notre ville. La veille de sa visite, l'autorité municipale avait adressé une lettre de faire part au père Firmin, gardien des capucins. Cette missive était ainsi conçue :

« Messieurs les capucins, nous avons l'hon-
« neur de vous informer que M. l'évêque du
« Calvados arrivera à Honfleur demain mercredy
« sur les six à sept heures du soir. Nous atten-
« dons de vous que vous voudrez bien faire
« sonner les cloches de votre communauté, à

« grande volée, dès le premier coup de canon
« qui sera tiré, et que vous vous conformerez
« au surplus pour le temps de la sonnerie, tant
« de demain que des jours suivants, à l'ordre
« qui sera observé aux églises paroissiales de
« cette ville. »

Le père gardien des capucins répondit le lendemain de la manière suivante :

« Monsieur, j'ai reçu la lettre que vous m'avez
« fait l'honneur de m'écrire hier soir. Permet-
« tez, je vous prie, que je vous demande à ce
« sujet une explication, qui, dans les circons-
« tances actuelles, devient pour moi des plus
« intéressantes. Je désirerais sçavoir, Monsieur,
« si ce que vous exigez de moi par votre lettre
« est regardé, de votre part, comme une marque
« de mon adhésion, de ma reconnaissance, de
« ma communication avec le nouvel évêque, ou
« si vous l'exigez seulement comme un pur acte
« de police. Dans le premier cas, malgré la dis-
« position dans laquelle je suis de ne rien faire
« qui puisse vous déplaire, je me trouverais forcé
« de vous dire qu'il ne m'est pas possible d'exé-
« cuter vos ordres. Dans l'autre cas, c'est-à-dire
« s'il n'est question que d'un acte purement de

« police, nous y sommes sujets comme les autres
« citoyens : nous nous y soumettons. »

Le lendemain, Claude Fauchet, évêque du Calvados, descendit à Honfleur (25 mai 1791). Il y fut reçu par la municipalité; le clergé ne parut pas. Il est vrai que les cloches des églises de la ville et du couvent des capucins furent mises en branle; mais cette mesure était tout à fait obligatoire et émanait de l'autorité judiciaire. Fauchet visita l'hôpital et bénit le drapeau tricolore. Quelques mois plus tard, le 20 août, l'abbé Quillet, vicaire général de l'évêque du Calvados, adressait, aux habitants de Honfleur, une lettre circulaire en forme de mandement (1).

Cependant, les prêtres restés fidèles avaient dû fuir leurs églises et leur troupeau chéri. Quelques-uns devaient revenir quand la tourmente révolutionnaire aurait été appaisée; tel a été entre autres M. Allais, curé de Sainte-Catherine. D'autres devaient mourir sur le sol étranger.

---

(1) Voici cette lettre : « Salut en notre Seigneur Jésus-Christ.
« Nous vous annonçons, avec le plus doux plaisir, la visite que nous devons faire de vos basiliques, le 25 de ce mois, sur les neuf heures du matin. Nous y venons avec un esprit de paix et d'une charité apostolique. Nous connaissons que le sacerdoce et les lois de la nation sont deux puissances qui doivent être unies entre

Pendant ce temps, des prêtres assermentés occupaient la place de ceux qui avaient pris la route de l'exil. La cure de Sainte-Catherine, vacante par le départ de M. Allais, fut occupée par l'abbé Martin; celle de Saint-Léonard, dont jouissait M. Boudin, échut à l'abbé Goguet. On vit bien que c'était le sacerdoce dégradé qui était resté à la tête des églises. Les ornements que renfermaient ces édifices sacrés furent pris et entassés dans le couvent vide des capucins. Les cérémonies et la pompe naguère déployées dans nos grandes solennités disparurent complétement, en même temps que nos vénérables pasteurs.

Nous pourrions comparer ce qui se passait alors dans notre beau royaume de France, à un

---

elles; se doivent l'une à l'autre un secours mutuel. Zorobabel sera revêtu de gloire; il sera assis sur son trône et le sacrificateur sera sur le sien, et il y aura une concorde inaltérable. Je viens donc chez vous, M. F., avec confiance, ne craignant pas les traits enflammés de l'aristocratie. Je trouverai à Honfleur des généreux Jonathas et des intrépides Simon qui verseraient jusqu'à la dernière goutte de leur sang pour défendre la vie des ministres des autels; des braves mariniers qui répondraient encore à un amiral français, M. de Tourville: Notre vie n'est point à nous; elle appartient aux enfants de la patrie. Le sexe de cette ville n'est point étranger à la bravoure. On y trouverait encore des Débora et des Judith, célèbres par leur héroïsme, et, dans Honfleur comme dans Rome, des Clélie qui intimideraient le camp de Persenna.

« Il ne me reste qu'à demander à Dieu de jeter les yeux de bienveillance sur cette vigne que je vais visiter, d'y voir des hommes amateurs de la fraternité, fidèles imitateurs des vertus du sage Samuel qu'ils ont choisi pour leur maire.

« Frères et amis, votre très-humble et obéissant serviteur,

« QUILLET, l'aîné, curé de Tourville, vicaire général du Calvados. »

volcan jetant ses laves embrâsées. Là où est le volcan, bouillonnent le feu et la flamme. N'était-ce pas ce qui alors avait lieu à Paris. Mais le volcan, quand il fait irruption, projette et lance tout autour de lui ce feu qui le dévore, cette flamme qui l'alimente en quelque sorte. Voilà bien ce qui avait lieu dans les provinces. L'incendie avait son centre dans la capitale, mais ses feux ardents venaient jusque chez nous, jusque dans la bonne ville de Honfleur. C'est au point que, quand le malheur se fut abattu, comme un vautour rapace, sur la tête de l'infortuné Louis XVI, quand ce vertueux monarque voyait les Français qu'il avait tant aimés se soulever avec fureur et rage contre son auguste personne, les Honfleurais firent cause commune. Le délire s'était emparé d'eux et il les porta à adresser au roi un manifeste. Cette adresse, dont la date est du 24 juin 1792, fut lue en assemblée générale ; elle était ainsi conçue :

« Le hasard vous fit prince et roi de France.
« La nation souveraine, en recouvrant ses droits
« qu'usurpèrent vos ancêtres, vous a fait roi des
« Français. En vous plaçant sur le premier trône

« de l'univers, elle crut assurer son bonheur.
« Avez-vous rempli son espérance? Descendez
« en vous-même et jugez-vous! Nous vous par-
« lons le langage d'hommes libres, nous vous
« disons la vérité; que vos oreilles s'accoutu-
« ment à l'entendre. Nous ne nous laissons plus
« éblouir par les vaines protestations. Elles ont
« précédé la fuite du 21 juin. Qu'il vous sou-
« vienne que la nation généreuse, oubliant cette
« offense, vous replaça sur le trône que vous
« abandonnâtes bientôt après que l'acte consti-
« tutionnel vous fut présenté. Vous l'avez libre-
« ment accepté, vous avez juré de le maintenir.
« Avez-vous rempli vos serments? Vous vous
« êtes environné de ministres pervers, lesquels
« n'ont cessé d'entraver la marche de notre
« révolution, jusqu'au moment où le peuple,
« lassé de leurs perfidies, vous déclara qu'ils
« avaient perdu sa confiance. Cédant ou parais-
« sant céder aux circonstances, vous appelâtes
« auprès de vous des ministres patriotes. Et le
« Français, trop confiant, ne vit plus qu'un
« avenir heureux. Un instant a détruit l'illusion
« que vous fîtes naître.

« La conduite incivique d'une garde insolente

« força le Corps législatif à décréter son licencie-
« ment, et, en sanctionnant ce décret, vous don-
« nez à votre garde les plus grands témoignages
« de bienveillance. Des prêtres séditieux, secouant
« la torche du fanatisme, allument dans toutes
« les parties de la France le feu de la guerre
« civile. L'Assemblée nationale en ordonne la
« déportation, et le cruel *veto* paralyse un décret
« de qui dépend le salut du pays. Des brigands
« soudoyés par la nation ennemie infestent
« Paris. A la faveur du désordre qu'ils y exci-
« teront, ils se promettent de vous assassiner
« s'ils ne parviennent à vous enlever. Ces com-
« plots, quoique assourdis dans le secret, ont
« été déjoués par la surveillance infatigable du
« vertueux Pétion.

« L'Assemblée nationale, pour assurer ses
« jours et sauver la capitale, ordonne un camp
« de vingt mille hommes, et par une préroga-
« tive dont vous abusez, vous en arrêtez l'exé-
« cution. Vous renvoyez des ministres dont le
« seul crime est d'être incorruptibles. Une telle
« conduite est-elle franche et loyale?

« Des flatteurs, des conseillers perfides qui
« vous environnent ont rendu votre trône chan-

« celant. Pour vous y affermir, sanctionnez le
« décret contre les prêtres turbulents. Hatez-
« vous de donner votre assentiment à la for-
« mation du camp de vingt mille hommes. Rap-
« pelez des ministres à qui le peuple a donné
« sa confiance et qui emportent ses regrets.
« C'est alors que vous mériterez le titre glorieux
« de restaurateur de la liberté française, liberté
« précieuse qui devient autant nécessaire à
« l'existence des Français que l'air qu'ils respi-
« rent.

« Chassez une horde d'intrigants qui vous
« obsèdent et vous trompent sans cesse; ne les
« préférez pas au peuple qui désire encore vous
« trouver digne de lui. Nous osons nous flatter
« encore qu'éclairé sur vos vrais intérêts, vous
« remplirez notre espoir (1). »

Si ces lignes fussent tombées entre les mains du digne monarque, eût-il pu reconnaître les cœurs généreux et dévoués du 27 juin 1786? Eût-il pu se convaincre que ceux-là qui l'avaient accueilli avec le plus apparent bonheur, avaient pu se déterminer à grossir le nombre de ses ennemis? Cependant, il se trouva un homme de

(1) Archives de Honfleur.

bien qui se repentit d'avoir apposé sa signature au bas de cet acte audacieux; c'était M. Sénéchal. Celui-ci était à peine sorti de la salle où s'était tenue l'assemblée, qu'il eut honte de cette action. Pour se racheter devant l'opinion des honnêtes gens, il rédigea une autre missive toute contraire à celle que nous venons de produire. Les amis de la Révolution s'élevèrent comme des enragés contre la nouvelle décision que venait de prendre M. Sénéchal. Celui-ci fut sur le point de subir la mort. Il fit preuve d'une grande force d'âme et se réhabilita aux yeux des gens de bien. En supposant que les paroles du poëte soient justes, elles trouvent ici leur place :

Du devoir il est beau de ne jamais sortir,
Mais plus beau d'y rentrer avec le repentir.

La ville de Honfleur était travaillée par on ne sait quel esprit révolutionnaire, peu différent de la frénésie. Nous voudrions tirer le voile sur les sacriléges affreux qui se commirent alors dans notre cité, mais la chose est impossible ; il faut, pour que l'histoire soit complète, que tous les faits soient relatés.

Tels les oiseaux de proie s'abattent sur des cadavres inertes, tels les malheureux révolutionnaires s'abattirent dans nos églises. Ils prirent d'abord les images du Christ, ils les précipitèrent sur les pavés du temple; puis ils renversèrent ou coupèrent la tête des saints. Dans leur rage diabolique, ce fut à qui se cramponnerait aux portiques de nos monuments religieux et en abattrait tout ce qui rappelait leur grande et noble destination.

Parmi les partisans des idées libérales, la ville de Honfleur comptait dans son sein deux hommes remarquables, c'étaient MM. Cachin et Taveau.

Le premier était déjà très-avantageusement connu. De nos jours, on sait encore cet acte de vraie piété qu'il accomplit en 1791. La chapelle de Notre-Dame-de-Grâce venait d'être déclarée propriété nationale; M. Cachin prévoyait que les idées d'irréligion allaient de plus en plus grandir, c'est pourquoi, dans le dessein de préserver de toute profanation ce sanctuaire de la Vierge, il acheta la chapelle et ses dépendances. Dans ce but, plusieurs personnages notables de la ville ouvrirent une souscription (1). De la sorte, on put se procurer 3,525

---

(1) Voici les noms des membres de la commission : MM. Nicolas Thibault, Lion, Jean Daufresne, Chauffer de Barneville, Lecesne du Puits, Gentien Lecesne, Louis-Robert Morin, Henry-Thomas Quillet, Fossard, Jean-Baptiste Coquerel.

livres; c'était la somme qu'exigeaient les administrateurs du district de Pont-l'Évêque, pour cette cession de la chapelle entre les mains de la municipalité honfleuraise. Quant à M. Taveau, il était né à Honfleur en 1767. Il n'avait que vingt-trois ans quand la municipalité l'appela dans son sein. Comme il était doué d'un esprit grave et réfléchi, et qu'il possédait un caractère franc et énergique, il ne tarda pas à attirer sur lui l'attention de l'autorité départementale. Et lorsque, sur la demande de la municipalité de Paris, on eut convoqué une nouvelle assemblée pour juger le pauvre Louis XVI, Taveau fut choisi par le département du Calvados pour siéger à cette chambre. Ce fut le 21 septembre 1792 que la Convention nationale ouvrit ses séances. Après quelques débats soutenus tant par le parti des Girondins que par celui des Montagnards, on entama le procès du roi (3 décembre 1792).

Les principaux souscripteurs furent : le père Henry, capucin, pour plusieurs personnes, 102 livres; Jean-Baptiste Hamelin, 24; Pierre-Louis Luce, 12; Hébert-Desrocquettes, 48; l'abbé Charles Delaunay, 120; Coudre Lacoudrais, 100; la Chambre maritime, 374; Bruneau, négociant, 30; Lecarpentier, procureur de la commune, 50; la Société des Amis de la Constitution, 777; quête dans le quartier Saint-Léonard, 291; quête dans le quartier Sainte-Catherine, 461; la cinquième compagnie de la garde nationale, 41; la ville de Honfleur, 1,095; total, 3,525 livres.

Pendant ces longues et vives discussions, se révélèrent les sentiments de Taveau. Il vota avec la majorité; il se prononça pour l'appel au peuple. Telles furent ses paroles : « Nous avons déclaré à l'unanimité Louis convaincu du crime de haute trahison; ce crime mérite la mort. Mais après l'avoir prononcée gardons-le comme otage et suspendons l'exécution jusqu'au moment où les ennemis tenteraient une invasion sur notre territoire. Mon opinion n'a de force qu'autant qu'elle est indivisible. »

Deux jours après (17 janvier 1793), Taveau répondait, comme il suit, à l'administration municipale, qui lui avait demandé des nouvelles sur la marche des événements : « Je ne
« puis rien vous dire de la grande affaire qui
« ne vous soit connu. Hier, on s'est occupé tout
« le jour à rectifier les erreurs qui pouvaient
« s'être glissées dans le jugement; on voulait
« faire décider, séance tenante, si le sursis à
« l'exécution aurait ou n'aurait pas lieu. L'ajour-
« nement, aujourd'hui, à prévalu. Je ne pense
« pas que le sursis obtienne la majorité.

« Je ne vous entretiendrai pas des scènes
« qui se sont passées encore hier; les papiers

« ne vous les rendent que trop fidèlement. Je
« dirai que si elles sont quelquefois excusables
« c'est dans un moment que le salut public
« dépend du résultat des mesures qu'on adopte.
« Peu de personnes se connaissent; toutes se
« soupçonnent. Avec un peu moins de chaleur
« d'un côté et plus d'ardeur de l'autre, on se
« trouverait au même point, et peut-être n'en
« est-on pas aussi éloigné qu'on le pense. Tout
« va dépendre des circonstances où nous nous
« trouvons. Des hommes qu'on assure vouloir le
« bien, pour la plupart d'un et d'autre côté, ne
« peuvent longtemps délibérer sur les moyens
« de l'opérer. »

Quatre jours après cette lettre, le régicide se consommait. Louis XVI montait les marches de l'échafaud!!

Quand cette triste nouvelle retentit dans la ville de Honfleur, la plupart des citoyens furent comme terrifiés. On comprit bien vite que de grands malheurs suivraient cette mort du monarque, que le commerce perdrait de son développement et de son activité, que la guerre existerait entre la République et l'Europe spectatrice du crime commis.

M. Cachin résigna aussitôt ses fonctions de maire; c'était le 2 février 1793. Cette retraite fut une perte pour la ville de Honfleur. M. Cachin, en effet, avait essayé autant qu'il dépendait de lui de faire régner la prospérité dans la cité. Il avait conçu le projet d'améliorer le port de Honfleur. La ville a été reconnaissante à l'égard de cet homme de bien. Pour perpétuer d'âge en âge son souvenir au milieu de la population, on a cru ne pas trop faire que de donner son nom à une de nos rues, récemment ouverte, et dont il avait lui-même tracé le plan.

A cette époque, l'irréligion et le matérialisme étaient arrivés à leur comble. Au culte du Dieu véritable succéda le culte de la nature et de la raison. Les conventionnels s'approprièrent nos églises pour y chanter leurs chansons patriotiques. Ces lieux, sanctifiés tant de fois par le sacrifice et la prière, devinrent le rendez-vous de la lie du peuple, le lieu où les passions impures avaient leur libre cours. A ces réunions diaboliques, succédèrent les ovations et les réjouissances populaires. On planta des arbres de la liberté, et ce fut autour de ces arbres que la population honfleuraise vint chanter et danser *la Carmagnole.* Puis les promenades et les triomphes des déesses de la Raison eurent lieu dans toutes les rues de la ville et jusque sur le sommet du Mont-Joli. Là, un échafaudage en forme d'estrade était élevé pour y déposer l'impure déesse. Celle-ci était choisie en quatre libertines de même calibre, et c'était elle qui recevait les hommages de cette foule délirante. Cette femme trônait sur un char au milieu de trois concubines comme elle. Ce char était traîné à travers les rues de la ville, et la déesse de la Raison, ainsi choyée, recevait sur son passage les adulations de la populace éperdue. Après ces déplorables exhibitions, cet infâme cortége revenait à l'église Notre-Dame (1). Là, un brancard était disposé pour recevoir la déesse du jour. On la transportait ensuite sur l'autel, et quand les orateurs avaient terminé leurs tristes déclamations, on se prosternait devant cette impudique.

Le successeur de M. Cachin fut Lion du Montry, ancien receveur du duc de Penthièvre. Celui-ci était loin de réunir les capacités brillantes de M. Cachin. Il avait la qualité, si toutefois c'en

(1) Cet édifice, qui, au dire de la tradition, était un des plus beaux monuments religieux de Honfleur, a été détruit pendant la Révolution.

est une, de s'accommoder à tous les partis; de sorte qu'il lui importait peu que le drapeau fût rouge, tricolore ou blanc.

L'Europe se souleva bientôt contre les meurtriers de Louis XVI. Les républicains durent faire face à de puissantes armées. On leva donc en France un grand nombre de soldats. Presque toutes les villes se virent dépouillées de leur jeunesse. A cette époque, la cité honfleuraise fut cruellement éprouvée, et elle ressentit vivement toutes les horreurs de la guerre. La population tout entière retrouva ses malheurs d'autrefois. Les familles de nos braves marins surtout souffrirent énormément de cet état de choses. Car non seulement elles furent privées de ce qui faisait leur soutien, mais encore de la faculté de gagner le pain nécessaire à la vie. C'est qu'en effet, à partir de ce moment, aucune voile n'osa plus sortir du port ni s'aventurer loin de la côte; on avait peur de tomber entre les mains des croiseurs anglais, qui rôdaient continuellement en rade du Havre. De sorte que la misère faisait sentir ses cruelles horreurs dans notre ville.

M. Lion du Montry ne fut pas longtemps maire

de Honfleur; le 6 octobre 1793, il fut remplacé par M. Mallet. Celui-ci n'était pas plus attaché que son prédécesseur au gouvernement de la République; c'était un homme adroit.

Pendant que M. Mallet occupait les fonctions de M. Lion du Montry, le sang était versé à grands flots. Chaque jour, de vertueux citoyens étaient forcés de monter les degrés de l'échafaud. Plusieurs grandes villes furent inondées de ce sang noble et généreux; Honfleur fut plus calme. Cependant, trente-deux membres de nos bonnes familles furent jetés dans les prisons (1). Quand la population apprit cet ordre, émané des représentants de la République, elle fut glacée d'effroi. La terreur régnait alors. Toutefois ces trente-deux victimes, ces martyrs de la Révolution, ne subirent pas la mort.

D'abord, par ordre de la Convention, on les

---

(1) Voici leurs noms :

Labbey, de Gonneville; Chauffer, de Barneville; Dieudonné; Quesney, procureur du roi; Gallien aîné, inspecteur des douanes; Rebut, pharmacien; Gaillard, épicier; Héroult, médecin; Thomas, négociant; Thomas, cordonnier; Romain père, épicier; Lacroix-Saint-Michel, ancien maire de la ville de Honfleur; Fossard, lieutenant de vaisseau; Soulier fils, homme de loi; Allaume, charron; Jullienne aîné, capitaine de navires; Jullienne cadet; veuve Leterrier; Baudry, voilier; Coulon, ex-officier municipal; Voisard, horloger; Delomosne, horloger; Huet, horloger; Heley, ancien juge; Goguet, curé de Sainte-Catherine; Thibout d'Anesy; Tournel, instituteur à Saint-Léonard; Dunepveu; Protérat de Saint-Sever; Jumel, marchand de tabac; Poupart, sœur de la Providence; Roussel, Jacques, capitaine de navires.

renferma dans le couvent des Augustines, situé rue du Puits; ce couvent avait été transformé en prison depuis le départ des sœurs. Mais bientôt, des ordres venus de Caen prescrivirent de diriger sur cette ville les détenus politiques incarcérés dans la prison de Honfleur. M. Mallet, au risque de se faire destituer des fonctions de maire et même de partager le sort de ses concitoyens, opposa un refus énergique aux ordres de l'autorité supérieure; il exposa aux administrateurs du département que la prison de la ville pouvait contenir au moins quatre cents personnes et que les détenus y seraient beaucoup mieux que dans la prison de Caen. Cette courageuse résistance sauva les Honfleurais incarcérés. Ils furent oubliés pendant quelques temps, et ce ne fut que le 21 juillet 1794 qu'on les dirigea sur Paris. Mais déjà le cri de : A bas le tyran! A bas Robespierre! avait retenti. Le 9 thermidor vit le trop fameux conventionnel monter à l'échafaud. Dès lors les trente-deux Honfleurais furent sauvés (1).

(1) Au nombre des trente-deux Honfleurais, incarcérés par ordre de la Convention, se trouvait M. Roussel, Jacques, capitaine au long-cours. Cet honorable citoyen ne fut pas, avec ses compagnons de captivité, dirigé sur Paris. Une indisposition des plus graves, conséquence de son arrestation, l'avait retenu à Honfleur. Comme l'état de M. Roussel empirait chaque jour, sa famille demanda qu'il fût

Sur ces entrefaites, un détachement de l'armée révolutionnaire arrivait à Honfleur. Les trois cent cinquante hommes qui le composaient marquèrent leur passage en notre ville par des actions dégoûtantes. Ils se ruèrent sur nos édifices religieux et les mutilèrent. L'administration municipale, vivement contrariée de la conduite scandaleuse de ce corps immonde, demanda son départ. Un bataillon d'infanterie vint bientôt le remplacer à Honfleur.

Vers cette époque, l'autorité supérieure donna l'ordre d'enlever les cloches des églises de la ville. Vingt de ces cloches furent dirigées sur Pont-l'Évêque ; elles pesaient ensemble plus de 5,000 kilogrammes.

Le jour anniversaire de la mort du roi martyr était arrivé (21 janvier 1794). Un habitant de notre ville, un vaurien de bas étage, eut recours à une action satanique. Il monta sur la place de l'Obélisque, connue à cette époque sous le nom de place de la Concorde, un échafaudage simulant une guillotine. Puis, de ses mains gros-

---

transporté à son domicile, où des soins convenables lui seraient prodigués plus facilement et plus efficacement. La Convention y consentit, mais à condition que le prisonnier fût gardé à vue par un piquet du corps de la gendarmerie. Deux soldats de la brigade de Honfleur furent commis à la garde de M. Roussel. Un d'eux, nommé Le Sieur, était le bisaïeul d'une des familles Pognon de notre ville.

sières, il façonna l'effigie de l'infortuné monarque et la présenta ensuite aux regards de la foule ameutée; il lui fit monter les degrés de son simulacre d'échafaud, et, avec un cynisme infernal, il trancha la tête de cette effigie royale. A ce spectacle, la population honfleuraise fut indignée. Force fut à l'effronté bourreau de s'esquiver le plus vite qu'il put, afin de fuir la vengeance des gens de bien.

Le 13 novembre de la même année, la Convention nationale envoya à Honfleur le représentant Pomme. Il n'y fit qu'un très-court séjour. Sa mission concernait les opérations relatives aux marchandises qui étaient dans la ville. Comme il n'avait rien à faire chez nous au sujet de la mission qui lui était confiée, il employa son temps à dévaster nos églises.

Le 18 mars 1795, un autre représentant du peuple, nommé Boissier, fut encore envoyé à Honfleur par la Convention nationale. Il avait ordre de prendre connaissance du personnel et du matériel de la marine honfleuraise, ainsi que des travaux à faire pour l'amélioration du port. Lui aussi ne fit que paraître dans notre cité; on ne s'y aperçut point de sa présence. Sa mission au reste, bientôt interrompue, n'eut aucun résultat.

La terreur allait disparaître, on commençait à respirer. L'atmosphère devenait plus pure et se dégageait déjà de ses mortelles vapeurs. Un soldat heureux, suscité par la Providence, allait bientôt parvenir au faîte des grandeurs et rendre à la France la paix et la tranquilité.

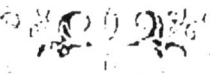

CHAPITRE XI.

XIXᵉ SIÈCLE.

Le vainqueur d'Italie et d'Egypte, Napoléon Bonaparte, avait été nommé premier consul. Il parcourut alors une partie de la Normandie. Le 28 octobre 1802, il vint à Honfleur. Il arriva par mer et inopinément; il pouvait être dix heures du matin (1). On n'avait fait aucun préparatif pour le recevoir. Il venait du Havre, où il avait été brillamment reçu. Il avait dit que Paris, Rouen et le Havre n'étaient qu'une même ville, dont la Seine était la grande rue. Pour Honfleur, il n'attira aucunement l'attention de Napoléon.

---

(1) Napoléon descendit chez M. Foubert, notable propriétaire de Honfleur, et l'ami du Premier Consul.

C'est qu'en effet, nos malheurs si récents formaient comme un voile épais qui ne laissait rien apercevoir de notre prospérité passée et qui ne permettait pas d'entrevoir l'avenir. Le jeune général fut reçu dans l'église Sainte-Catherine. En voyant cet édifice sacré, il se prit à dire qu'il était un vestige de nos discordes civiles et qu'un jour peut-être il le ferait remplacer par un autre. Puis il fit une promenade à cheval sur la côte de Grâce; il entra dans la chapelle et s'agenouilla sur les dalles froides de ce sanctuaire vénéré. Le soir, vers six heures, il repartait pour Rouen. Avant son départ, il avait donné 3,600 francs pour les pauvres de la ville. En outre, il avait rendu à Jean Lecoq la pension de 300 livres qu'on lui avait supprimée pendant la Révolution.

Le Premier Consul avait conservé dès sa plus tendre enfance de vifs sentiments de foi. L'exaltation des champs de batailles, les triomphes de la Révolution avaient sans doute altéré cette piété naïve, cette dévotion italienne; mais les germes n'en subsistaient pas moins au fond du cœur, et Bonaparte regardait comme un des plus précieux droits de sa puissance celui de rendre à la France son culte aboli et ses autels trop longtemps profanés. Il ouvrit des négociations avec le souverain pontife ; le Concordat fut signé, l'étendard de la croix fut de nouveau arboré en France. Les prêtres furent rappelés.

Parmi ceux qui avaient quitté Honfleur au commencement de la Révolution, plusieurs étaient morts sur la terre de l'exil, d'autres avaient survécu ; ils revinrent se placer à la tête de leur troupeau. Le digne et respectable M. Allais fut reçu à Sainte-Catherine avec les marques du plus grand bonheur.

Le port de Honfleur, presque abandonné depuis 1786, avait besoin de réparations; mais comme l'argent manquait, on avisa au plus pressé. On démolit la Tour Carrée, ce vieux vestige de notre gloire passée; on refit le quai de la mairie et les portes du l'assin-Neuf (1806). En 1808, eut lieu dans la baie, un fait que nous lisons dans M. Thomas et que nous allons reproduire textuellement :

« Nos pêcheurs exerçaient toujours sur nos
« côtes leur utile et pacifique profession. Des
« limites leur étaient imposées et les croisières
« anglaises, qui ne perdaient de vue nos riva-

« ges que fort rarement, ne les troublaient pres-
« que jamais, à moins que quelque capitaine
« nouvellement venu, ou quelqu'une de ces
« pensées malveillantes que fait naître l'ennui
« d'une navigation sans événement, n'amenas-
« sent quelque changement à cette manière
« d'agir. Il arriva, le 25 mars 1808, qu'un des
« croiseurs ennemis, enleva tout d'un coup
« vingt-quatre bateaux de pêche, dont vingt-un
« de Honfleur, deux de Trouville, un du Havre.
« Cent vingt marins qui les montaient furent
« conduits dans les prisons anglaises. Il paraît
« que cette capture ne fut point approuvée par
« le gouvernement Britannique; une frégate rap-
« porta tous ces hommes dans la baie du Cal-
« vados. Le 9 juillet, elle expédia au Havre un
« parlementaire qui ne fut point reçu, les com-
« munications avec l'ennemi étant sévèrement
« défendues. Le 11, elle se décida à envoyer à
« terre deux de ces pêcheurs dans sa péniche;
« c'étaient les sieurs Louis Delomosne et André
« Duchemin, maîtres de bateaux à Honfleur. Le
« difficile était de les mettre à terre. La péniche
« se dirigea vers Hennequeville, environ deux
« lieues à l'ouest de Honfleur, mais la côte était

« gardée, et les douaniers se préparaient à s'op-
« poser au débarquement. Nos deux pêcheurs
« se jetèrent à la mer et gagnèrent le rivage
« pendant que la péniche anglaise s'éloignait.
« On s'empara d'eux et on les amena devant le
« commissaire de marine à Honfleur, auquel ils
« remirent la lettre qui leur avait été donnée
« par le commodore anglais. C'était une propo-
« sition de renvoyer sans échange et sur un
« simple reçu cent cinquante prisonniers fran-
« çais. Cependant, avant que les douaniers fus-
« sent arrivés en ville avec leurs deux pêcheurs,
« un habitant de Hennequeville, qui les avait
« vus arriver, en apporta la nouvelle, qui se
« répandit avec promptitude. Avant que les au-
« torités pussent prendre un parti, et pendant
« qu'on recevait les déclarations de Delomosne
« et de Duchemin, les femmes des prisonniers
« ne perdaient point de temps en délibération.
« Vingt-cinq à trente d'entre elles s'emparaient
« de neuf petites embarcations, s'y embar-
« quaient et sortaient du port. Cette flotte im-
« provisée, favorisée par la mer qui baissait,
« porta droit à la frégate. En vain la patache
« des douaniers courut après; en vain des péni-

« ches sorties du Havre voulurent s'opposer à
« ce mouvement, les marins femelles avaient
« trop d'avance et le reflux les servait à mer-
« veille. Une scène attendrissante se passa à
« bord de la frégate ; c'était à qui de nos
« pêcheuses retrouverait son père, son époux,
« son parent, son voisin et se jetterait plus tôt
« dans ses bras. A la mer montante, la flotte
« appareilla triomphante, pour venir au port où
« une autre scène se préparait. D'une part les
« femmes joyeuses du succès de leur entreprise,
« ces pêcheurs rendus à leur pays; de l'autre
« les agents de l'autorité se disposant à arrêter
« ceux qui avaient contrevenu à la défense,
« rigoureuse mais nécessaire, de communiquer
« avec l'ennemi. Mais que faire contre des
« femmes!

« Il était dix heures du soir, quand deux des
« barques revinrent à Honfleur, une troisième
« alla débarquer à Pennedepie, et les six autres
« furent arrêtées et conduites au Havre par les
« péniches qui étaient sorties dans ce but. Le
« commissaire général de police en cette der-
« nière ville avait envoyé ici un de ses agents
« pour réclamer les prisonniers qui y étaient

« revenus; ils le suivirent, tant ceux débarqués
« à Honfleur, que ceux venus de Pennedepie,
« sans observations, sans qu'aucun essayât de
« se soustraire à ce voyage; il y a plus, sans
« avoir embrassé leurs familles, dont les auto-
« rités seules les séparaient, et auxquelles il leur
« était défendu de parler.

« Nous avions déjà recueilli cette anecdote;
« nous l'avons retrouvée dans le rapport officiel
« du commissaire de la marine, M. Mahoudeau,
« alors en résidence à Honfleur. C'est avec plaisir
« que nous y avons lu la justice rendue, par le
« commissaire général de police, à l'excellent
« esprit de la population, qui, malgré la vive
« contrariété qu'elle éprouvait, ne laissa pas
« échapper une plainte contre les ordres rigou-
« reux qui lui étaient notifiés par M. Mahou-
« deau, dont elle connaissait l'administration
« paternelle. Telle est, on le sait depuis long-
« temps dans les quartiers maritimes, la règle
« des commissaires des classes.

« Nos marins reçurent bientôt le prix de leur
« soumission. Ils furent renvoyés trois jours
« après dans leurs familles. »

Après le récit touchant que nous venons de

faire passer sous les yeux du lecteur, qu'avons-nous à ajouter? Rien autre chose que de nous associer à M. Thomas pour faire ressortir encore, si c'était possible, l'excellent esprit qui a toujours animé la bonne et généreuse population honfleuraise.

En 1811, Honfleur fut visité par les pupilles de la garde impériale; c'étaient des enfants de troupe qu'on destinait à la garde du roi de Rome. Pendant ce temps, une famine affreuse désolait la ville, et le blé se mesurait à la halle. Le baron Méchin envoya des secours; M. Mottard et l'amiral Hamelin suivirent son exemple, et cependant la misère fut si grande, qu'une partie de la population fut plusieurs jours sans pouvoir se procurer du pain.

Les désastres de Russie et surtout la longueur de la guerre avaient décimé notre population. Bon nombre de marins avaient dû marcher contre l'ennemi.

Napoléon, qui avait conduit si souvent ses armées à la victoire, fut forcé de céder devant des forces supérieures aux siennes. En 1814, la France est envahie, l'Empereur abdique et se retire à l'île d'Elbe. Louis XVIII monta sur le trône. A Honfleur, le changement de gouvernement ne fut envisagé que sous un point de vue, celui de la paix. On espérait par elle que la misère publique cesserait. La paix se fit. Elle dura dix mois. Napoléon revint ; il reprit les rênes du gouvernement, et Louis XVIII dut descendre les marches du trône et quitter la capitale de la France. Alors commença le second règne du grand capitaine. Mais les puissances de l'Europe se coalisèrent de nouveau contre Napoléon. Les Cent Jours s'écoulèrent (du 20 mars au 22 juin 1815), l'ennemi reparut, et Waterloo fut le coup de mort du grand homme ; il partit pour Sainte-Hélène. Cette fois encore, Louis XVIII revint à Paris et prit de nouveau la place de ce génie des temps modernes.

Quand les Honfleurais furent instruits de la bataille de Waterloo, ils se réunirent dans les rues et sur les places publiques en criant : Vive la paix ! vive le roi ! Il ne fut bientôt plus possible d'arrêter cette foule enthousiaste, qui arborait aux fenêtres des maisons le drapeau blanc. Le flot grossissait ; aux hommes, s'étaient joints des femmes et des enfants en grand nombre. Bientôt cette foule se divisa ; une partie se porta vers le clocher de l'église Sainte-Catherine, d'où le drapeau tricolore fut arraché et foulé aux pieds; on y substitua le drapeau blanc. Des coups de fusil furent tirés en signe de réjouissance. On organisa dans la ville des danses qui se prolongèrent fort avant dans la nuit.

Louis XVIII avait été replacé sur le trône, mais la France était au pouvoir de l'étranger, qui avait de nouveau franchi nos frontières.

Le 10 août 1815, le sous-préfet de Pont-l'Évêque signalait au maire de Honfleur, l'arrivée dans le département du Calvados de dix mille hommes du premier corps de l'armée prussienne, ainsi que de deux régiments de cavalerie. Les Prussiens réclamèrent aussi 74 chevaux pour leur troupe; le canton de Honfleur fut taxé pour quatre. Le 8 septembre, un détachement composé de quatre cents Prussiens arrivait à Honfleur et les bourgeois durent fournir les logements; la ville se chargea de leur donner des vivres, mais elle n'était pas riche; c'est pourquoi elle eut recours à un emprunt forcé. Enfin les Prussiens quittèrent Honfleur le 12 octobre. Il y avait trente-quatre jours qu'ils y étaient casernés.

Honfleur n'avait pas perdu tout espoir de venir un chef-lieu d'arrondissement. La question fut de nouveau agitée, mais on ne fut pas plus heureux qu'en 1791. Pont-l'Évêque l'emporta encore sur notre ville.

Peu de temps après, M. Lion du Montry, qui avait remplacé comme maire de Honfleur M. Mallet, fut nommé au Conseil général du Calvados. Le 4 août 1821, il donna pour la sixième fois sa démission de maire; il était âgé de 88 ans. Ce fut M. Lechevalier-Jumel qui lui succéda.

En 1824, la duchesse de Berry visita Honfleur; elle venait du Havre. Aussitôt qu'elle eut mis pied à terre, cette princesse monta sur la Côte de Grâce; elle se rendit à la chapelle; elle pria quelques instants dans ce sanctuaire béni. Te Deum fut chanté en son honneur. Après avoir admiré le magnifique panorama qui se déroule du verdoyant plateau, la duchesse se dirigea vers le Mont-Joli, où l'on avait fait de grands préparatifs pour la recevoir. Du sommet de ce côteau élevé, elle put jouir également de l'aspect grandiose de la ville. Aussi la princesse en témoigna-t-elle sa vive satisfaction.

Deux mois après, Louis XVIII mourait. Son frère, le comte d'Artois, lui succéda sous le nom de Charles X. Sous le règne de ce nouveau roi, M. Pattu, ingénieur en chef du département du Calvados, conçut un projet d'amélioration pour notre port. Il songeait à établir à travers la Seine, sur une ligne tirée de Harfleur à Honfleur, une digue en pierres perdues qui aurait eu près de mille mètres de longueur sur une largeur de dix mètres à son sommet; cette digue devait avoir encore dix mètres d'élévation moyenne jusqu'au niveau de la haute mer. A ses deux extrémités, on aurait pratiqué deux grandes écluses. Celle du nord, près de Harfleur, aurait communiqué avec le canal Vauban, et celle du sud avec le port de Honfleur. Mais ce projet n'a pas été mis à exécution.

Sur ces entrefaites, M. Leguay restaura quelque peu l'église Sainte-Catherine, dont il était le curé. Dans l'état de délabrement où se trouve cet édifice sacré, il serait urgent de le remplacer par un autre plus convenable. Cette question, d'ailleurs, a été déjà l'objet de plusieurs discussions, tant de la part de l'autorité diocésaine que de celle de l'administration municipale, et tout nous porte à croire que dans un avenir prochain les paroles tombées il y a soixante ans des lèvres augustes du grand Napoléon, trouveront leur accomplissement à la satisfaction générale des Honfleurais.

En 1829, Honfleur reçut la visite de la duchesse d'Angoulême. Elle aussi venait du Havre; mais elle ne fit que passer chez nous. Cette princesse assista néanmoins à la mise à l'eau d'un navire construit dans un de nos chantiers maritimes; elle visita la chapelle de Grâce.

Nous sommes arrivés au règne de Louis-Philippe. Maintenant nous allons passer brièvement sur les faits. Il est vrai que depuis cette époque jusqu'à nos jours, de grandes choses se sont effectuées dans l'enceinte de Honfleur. Mais nous aurions à parler de personnages encore existants et chacun sait que c'est toujours une chose très-difficile. Ou bien l'on blesse la modestie ou bien l'on éveille la susceptibilité. Au surplus, tous ces faits, que nous pourrions raconter dans leurs détails les plus minutieux, sont connus de ceux pour lesquels nous écrivons plus particulièrement notre histoire. Lequel, en effet, de nos concitoyens ne connait l'inauguration du chemin de fer chez nous ? lequel n'en sait pas toutes les circonstances ? lequel pourrait oublier ces sacrifices énormes que la ville s'est imposés pour jouir de cette facilité de transport qui a triplé son commerce ? Depuis quatre ou cinq ans est-ce que Honfleur n'a pas gagné merveilleusement en importance ? est-ce qu'il n'a pas grandi, eu égard aux villes ses rivales ? Oui, tout Honfleurais qui sait apprécier les choses à leur juste valeur bénira les administrateurs de la ville, tant ceux qui ont commencé l'œuvre que ceux qui l'ont achevée, de s'être employés si énergiquement pour mener à fin cet important travail, cet inappréciable bienfait ! Lequel encore de nos concitoyens ne pourrait redire cet enthousiasme religieux des Honfleurais le jour où la statue de Notre-Dame-du-Port fut replacée en cet endroit qu'elle occupait avant la Révolution française ? Les dates de 1643 et 1863 sont maintenant unies : 1643 avait vu l'érection première, 1863 a vu la seconde. Honneur donc à la religieuse inspiration de l'ingénieur de notre port (1). Il a fait disparaître l'acte odieux de la Révolution ; son

(1) M. Arnoux.

nom sera redit avec éloges par la population maritime honfleuraise. Lequel encore des habitants de notre ville, n'a entendu parler de ce projet grandiose, émané de la même source, et qui s'élabore en ce moment, projet qui a pour but de reporter vers le nord et vers l'est les limites de la ville et du port de Honfleur, et qui, s'il était exécuté de point en point, transformerait notablement notre vieille cité ? Et ainsi des autres faits importants. Mais passons vite et résumons.

A M. Lechevalier-Jumel, avait succédé, comme maire de la ville, M. Lecarpentier. Ce fut pendant que celui-ci remplissait cette honorable fonction que furent jetés les fondements de l'hôtel-de-ville de Honfleur.

Le 10 septembre 1833, Louis-Philippe, revenant de Cherbourg, passa par notre ville. Un arc de triomphe avait été dressé à l'entrée du cours d'Orléans. La garde nationale, la douane et une réunion considérable d'habitants y attendaient le roi. La pluie tombait par torrents. Cependant, Louis-Philippe descendit de voiture, passa les troupes en revue, visita le port et traversa la ville à cheval. La réception officielle eut lieu à l'hôtel-de-ville, récemment construit. Au sujet de cette nouvelle mairie, le royal visiteur complimenta M. Lecarpentier pour le zèle intelligent qu'il avait déployé pendant l'exécution des travaux ; mais toutefois en exprimant le regret que cet édifice municipal ne fût pas exhaussé davantage. Le soir même, Louis-Philippe quitta notre ville et repartit pour Rouen.

M. Lachèvre remplaça M. Lecarpentier. Le commerce était alors en voie de prospérité ; mais l'état du port demandait de notables améliorations. On commença donc le bassin de l'Est ; on prolongea le quai et la jetée de l'Ouest ; on construisit celle de l'Est (1838, 1839, 1840). En même temps, afin d'ouvrir un passage qui permît de communiquer plus aisément avec le quai de la Planchette, on donna l'ordre de détruire ce qui restait encore des fortifications en avant de la Lieutenance. Bientôt de nombreux ouvriers se mirent à l'œuvre et le travail marcha vite. A cette même époque disparut également la tour ronde, connue sous le nom de Tour aux Poudres. C'en était presque fait de tous ces vieux vestiges de notre orgueil militaire. A l'ex-

nous reste-t-il qui puissent rappeler dans leur éloquent langage à la génération actuelle et à celles qui doivent d'âge en âge occuper après nous la scène du monde, ces gloires anciennes qui ont illustré naguère notre vieille cité?

A M. Lachèvre, ont succédé, en qualité de maire, MM. Lecarpentier, Ullern et Luard.

La Révolution de 1848 força Louis-Philippe à quitter le trône. C'était le 24 février. Le prince déchu passa par Honfleur(1) et fut se cacher, sur la côte de Grâce, dans la maison d'un ami, M. de Perthuis. Il resta quelques jours dans ce lieu retiré; son épouse, Marie-Amélie, alla prier la Vierge des marins et des affligés dans le sanctuaire vénéré de Notre-Dame-de-Grâce. Louis-Philippe ne l'accompagna pas. Mais le bruit de la retraite du roi commençait à courir; c'est pourquoi, le 2 mars, à sept heures du soir, les deux époux et leur suite quittaient le petit pavillon de la côte de Grâce et se dirigeaient vers le port de Honfleur où ils devaient s'embarquer. Le bateau à vapeur, le *Courrier*, qui fait le service entre le Havre et notre ville, avait été expédié tout exprès à cette heure avan-

(1) Le 26 février 1848, à 7 heures du matin.

cée de la nuit. Le royal fugitif et sa digne épouse montèrent dans le bateau. On ne les reconnut pas. A huit heures, le *Courrier* quittait son mouillage ; Louis-Philippe et Marie-Amélie, le cœur nageant dans un océan d'angoisses, prenaient la route de l'exil.

Encore une fois, nous exprimons le regret d'être comme contraints de passer si rapidement sur cette époque contemporaine de notre histoire locale. Nous aurions de belles pages à écrire s'il fallait mentionner ces nombreuses et importantes améliorations qui ont été apportées dans notre cité depuis 1830. Toutefois, qu'on nous permette, en terminant, d'adresser quelques félicitations aux dignes administrateurs qui par leur sage direction ont contribué si puissamment au bien-être de la population honfleuraise.

CONCLUSION.

> Je t'embrasse, ô terre chérie!
> Dieu! qu'un exilé doit souffrir!
> Salut à ma patrie!
>
> BÉRANGER.

Oh! oui, comme l'a dit le poëte :

Salut à ma patrie! Salut à ma patrie!

Tel l'enfant se fait un doux plaisir de saluer sa mère matin et soir, tels nous autres, après avoir chanté les gloires de notre ville natale, cette autre mère au sein de laquelle nous avons pris l'existence et qui nous a nourri de son air salubre et vivifiant, nous sommes heureux de redire et de redire encore à cette « terre chérie » le salut parti du cœur, le salut dicté par l'affection.

A ce sujet donc, quelques mots encore.

Le lecteur vient d'assister à la fondation, au développement et aux gloires de la vieille cité normande.

Nous avons à la hâte tracé ces lignes en faveur de nos concitoyens. Je suis Français et j'ai toujours aimé à entendre parler des gloires de la France! mais tout Français que je suis, je me félicite d'appartenir à une ville aussi illustre que l'a été Honfleur. Non, nous ne pouvons le taire en terminant ce petit opuscule, nous avons éprouvé des sentiments du plus vif bonheur en nous rendant compte par nous même de ces illustrations nombreuses qui ont jeté de l'éclat sur les jours de notre ville natale. Nous avons, il est vrai, passé bien des choses sous silence. Le cadre étroit de notre livre ne nous permettait pas d'entrer dans beaucoup de détails. Ainsi entre autres circonstances remarquables, nous avons tu les noms si célèbres des Mottard et des Hamelin. Et pourtant, que n'avions-nous pas à dire au sujet de ces hommes éminents? Le vice-amiral Hamelin, par exemple, a joué un grand rôle dans l'histoire de la France. Il n'est pas de Français, pour peu qu'il connaisse les

Français, disons-nous, qui n'ait entendu parler avec gloire du célèbre Hamelin. Nous avons tu encore le nom béni d'un digne prélat, enfant de Honfleur, mort il y a quelques années sur la terre étrangère. Et cependant, qui de nous n'a été saisi d'admiration pour ce jeune pontife qui avait semé à pleines mains dans nos rangs les bienfaits de sa charité, de son zèle et de son dévouement? Oui, monseigneur Vesque est une gloire de notre ville, et nous regrettons de ne pouvoir ici transcrire sa vie. Au reste, un de nos concitoyens se prépare, nous a-t-on dit, à donner sa biographie au public.

Lorsque, en rédigeant ces quelques notes, nous remarquions tous ces princes issus du sang royal qui ont visité avec une nombreuse suite notre antique cité, nous ne pouvions nous empêcher de redire en nous même et de redire encore ces paroles que tant de fois nous avons entendues de la bouche de nos amis et de nos concitoyens :

Honfleur n'a pas de rues spacieuses comme nos villes nouvelles; il n'a pas de maisons construites sur le pied de l'élégance actuelle; mais cependant qu'il est actif! A voir le remuement incessant de sa population, qu'il paraît jeune! je ne sais pas; mais il me semble qu'il a quelque chose d'indéfinissable et que n'ont certes pas nos jeunes villes si élégamment bâties et tirées comme au cordeau.

Pour l'étranger qui lira ces lignes, qu'il demeure convaincu que notre récit ne contient que la vérité. Qu'il sache que nous n'avons soulevé que faiblement le voile sous lequel sont cachées les vieilles gloires de nos pères et de nos aïeux. Au surplus l'Anglais, l'histoire en main, pourrait être pris à témoin que nous n'avons pas encore assez dit. Il sait bien de quelle bravoure les Honfleurais du XVe siècle ont fait preuve! Il sait bien quel sang jeune et ardent les animait au combat et à la défense! Il sait bien quelle opposition énergique, il rencontra sous les murs criblés de balles de la ville assiégée!

Disons donc: Honneur à nos pères! Honneur à nos aïeux!

Mais laissons là ces détails. Nos lecteurs savent qu'une autre gloire ne peut être séparée la position magnifique, admirable nous disons presque, qu'occupe notre ville natale.

Oui, le touriste s'en est assuré par lui-même; il s'est convaincu de tout ce que renferme de riant et de pittoresque les sites honfleurais. Car enfin pourquoi tant d'étrangers viennent-ils visiter notre ville? qui les amène dans ces lieux? A l'heure qu'il est, cette cité n'est-elle pas demantelée? ses tours et ses remparts, tout n'a-t-il pas été abattu? Autrefois, elle pouvait montrer avec gloire à l'étranger ses monuments qui servaient à la défendre. Mais voilà qu'ils ne sont plus; la main dévastatrice a passé sur eux! Que vient donc voir le touriste? Ah! c'est que dans ces lieux la nature a quelque chose qui parle à l'âme. C'est que le site où est assise notre vieille ville, a quelque chose de pittoresque, de grandiose même. Nous ne pouvons jamais nous lasser d'admirer cette végétation luxuriante, ce côteau qui domine l'océan, ces falaises où viennent battre les flots courroucés de la mer en furie, ces petites barques qui sillonnent les ondes écumeuses, où donc trouver un lieu dans lequel la grande voix de la nature soit plus forte et plus éloquente?

Enfants de Honfleur, réjouissons-nous tous d'appartenir à cette ville aux souvenirs si glorieux, aux paysages si riants. Et ne craignons pas de dire en face de nos rivaux :

« Une de nos gloires, c'est d'être nés Honfleurais ! »

FIN.

TABLE

Dédicace	V
Introduction	VII
Chapitre I. — Période incertaine de l'histoire de Honfleur, c'est-à-dire depuis sa fondation jusqu'au Xe siècle de notre ère.	1
Chapitre II. — X^e-XIIe siècle.	27
Chapitre III. — XIIe siècle	41
Chapitre IV. — XIIIe siècle.	53
Chapitre V. — XIVe siècle.	59
Chapitre VI. — XVe siècle	77
Chapitre VII. — XVIe siècle.	101
Chapitre VIII. — XVIIe siècle.	145
Chapitre IX. — L'Hôpital de Honfleur pendant les XVIIe et XVIIIe siècles. — Congrégation de Notre-Dame. — Collége. — École communale	167
Chapitre X. — XVIIIe siècle	195
Chapitre XI. — XIXe siècle.	251
Conclusion	269

www.ingramcontent.com/pod-product-compliance
Lightning Source LLC
Chambersburg PA
CBHW070538160426
43199CB00014B/2293